Gröls Verlage

„BÜCHER SIND WIE FALLSCHIRME. SIE NÜTZEN UNS NICHTS, WENN WIR SIE NICHT ÖFFNEN."

Gröls Verlag

Redaktionelle Hinweise und Impressum

Das vorliegende Werk wurde zugunsten der Authentizität sehr zurückhaltend bearbeitet. So wurden etwa ursprüngliche Rechtschreibfehler *nicht* systematisch behoben, denn kleine Unvollkommenheiten machen das Buch – wie im Übrigen den Menschen – erst authentisch. Mitunter wurden jedoch zum Beispiel Absätze behutsam neu getrennt, um den Lesefluss zu erleichtern.

Um die Texte zu rekonstruieren, werden antiquarische Bücher von Lesegeräten gescannt und dann durch eine Software lesbar gemacht. Der so entstandene Text wird von Menschen gegengelesen und korrigiert – hierbei treten auch Fehler auf. Wenn Sie ebenfalls antiquarische Texte einreichen möchten, finden Sie weitere Informationen auf www.groels.de

Viel Freude bei der Lektüre wünscht Ihnen das Team des Gröls-Verlags.

Adressen

Verleger: Sophia Gröls, Im Borngrund 26, 61440 Oberursel

Externer Dienstleister für Distribution & Herstellung: BoD, In de Tarpen 42, 22848 Norderstedt

Unsere „Edition | Werke der Weltliteratur" hat den Anspruch, eine der größten und vollständigsten Sammlungen klassischer Literatur in deutscher Sprache zu sein. Nach und nach versammeln wir hier nicht nur die „üblichen Verdächtigen" von Goethe bis Schiller, sondern auch Kleinode der vergangenen Jahrhunderte, die – zu Unrecht – drohen, in Vergessenheit zu geraten. Wir kultivieren und kuratieren damit einen der wertvollsten Bereiche der abendländischen Kultur. Kleine Auswahl:

Francis Bacon • Neues Organon • **Balzac** • Glanz und Elend der Kurtisanen • **Joachim H. Campe** • Robinson der Jüngere • **Dante Alighieri** • Die Göttliche Komödie • **Daniel Defoe** • Robinson Crusoe • **Charles Dickens** • Oliver Twist • **Denis Diderot** • Jacques der Fatalist • **Fjodor Dostojewski** • Schuld und Sühne • **Arthur Conan Doyle** • Der Hund von Baskerville • **Marie von Ebner-Eschenbach** • Das Gemeindekind • **Elisabeth von Österreich** • Das Poetische Tagebuch • **Friedrich Engels** • Die Lage der arbeitenden Klasse • **Ludwig Feuerbach** • Das Wesen des Christentums • **Johann G. Fichte** • Reden an die deutsche Nation • **Fitzgerald** • Zärtlich ist die Nacht • **Flaubert** • Madame Bovary • **Gorch Fock** • Seefahrt ist not! • **Theodor Fontane** • Effi Briest • **Robert Musil** • Über die Dummheit • **Edgar Wallace** • Der Frosch mit der Maske • **Jakob Wassermann** • Der Fall Maurizius • **Oscar Wilde** • Das Bildnis des Dorian Grey • **Émile Zola** • Germinal • **Stefan Zweig** • Schachnovelle • **Hugo von Hofmannsthal** • Der Tor und der Tod • **Anton Tschechow** • Ein Heiratsantrag • **Arthur Schnitzler** • Reigen • **Friedrich Schiller** • Kabale und Liebe • **Nicolo Machiavelli** • Der Fürst • **Gotthold E. Lessing** • Nathan der Weise • **Augustinus** • Die Bekenntnisse des heiligen Augustinus • **Marcus Aurelius** • Selbstbetrachtungen • **Charles Baudelaire** • Die Blumen des Bösen • **Harriett Stowe** • Onkel Toms Hütte • **Walter Benjamin** • Deutsche Menschen • **Hugo Bettauer** • Die Stadt ohne Juden *und viele mehr….*

Julius Stinde

Buchholzens in Italien

Reise-Abenteuer von Wilhelmine Buchholz

Inhalt

Zurüstungen

Warum Herr Buchholz nach Italien reiste und Frau Buchholz ihn begleitete – Onkel Fritz – Warum Frau Buchholz sich mit Frau Bergfeldt erzürnte – Sprachstudien – Kleidersorgen – Betrachtungen über den historischen Boden

Es wäre mir ja nie im Traume eingefallen, daß ich in meinem Leben das Land sehen würde, wo die Zitronen blühn und die Kunst von den alten Meistern großgesäugt wurde, wenn nicht die Notwendigkeit gekommen wäre und gesagt hätte:"Wilhelmine, es hilft kein Sträuben, du mußt nach Italien!"

Diese Notwendigkeit war ein Rheumatismus, den mein herzensguter Mann, mein über alles geliebter Karl, sich geholt hatte und der nicht wieder weichen wollte. Als Salizyl und Elektrisieren auch nicht anschlugen, schüttelte unser Hausarzt Dr. Wrenzchen sein Haupt und erklärte, eine Klimaveränderung würde das beste sein, sonst setzte das Rheuma sich so fest, daß es später nicht mit einem Brecheisen loszukriegen sei. – Wir hatten in Berlin ja auch Klima, aber es war danach. Im Kalender stand Frühling, und auf den Dächern lag Schnee. Mit einem Worte, es war ein Hundewetter.

„Gehen Sie nach dem Süden!" sagte Dr. Wrenzchen. Mein Karl sträubte sich und meinte, ein Dampfbad täte wohl dasselbe. Mein jüngerer Bruder, den die Kinder immer Onkel Fritz nennen, stand jedoch dem Doktor bei und erbot sich zur Mitreise, da er in Italien persönlich Geschäftsverbindungen anknüpfen wollte.

„Du sollst sehen, wir beide amüsieren uns köstlich!" sagte er zu meinem Karl.

Dies Wort ging mir durch und durch. Oft genug hatte ich Ursache gehabt, Fritz zu ermahnen, den gefährlichen Junggesellenstand aufzugeben, und nun wollte er sich mit meinem Karl dort köstlich amüsieren, wo die glutäugigen Italienerinnen zu Hause sind und der Fremdling sofort erdolcht wird, wenn er sich bloß merken läßt, daß ihm eine gefällt. Dies konnte, dies durfte ich nicht dulden. Daher faßte ich einen heroischen Entschluß und rief:“Karl, ich lasse dich nicht allein unter Räuber und Mörder ziehen; dein treues Weib geht mit dir!“ –

Onkel Fritz zog zwar die Mundwinkel etwas schief, als er meine Worte vernahm, aber mein Karl reichte mit die Hand und erwiderte:“Wilhelmine, du bist ein Engel. Nur ein bißchen kostspielig wird die Sache werden!“

„Wegen des Mammon mache dir keine Sorgen, mein Karl. Habe ich nicht stets ein anständiges Honorar für meine schriftstellerischen Arbeiten bekommen, und kann ich meine Ersparnisse besser anwenden als zu deiner Begleitung in ein wildfremdes Land? Es ist kein Groschen Hausstandsgeld dabei, das schwöre ich dir hoch und heilig!“

So war der wichtigste Einwand beseitigt, und als wir die Angelegenheit der Reise nun des weiteren berieten, stellte es sich nach und nach immer klarer heraus, daß mein Entschluß, mitzureisen, der vernünftigste von der Welt sei. Auch Onkel Fritz meinte schließlich, wenn es einmal einen Knopf anzunähen gäbe, so könnte ich das trefflich besorgen, und wehrte sich nicht länger gegen meine Begleitung. Es hätte ihm auch nichts genützt.

Nun teilten wir uns in die Vorbereitungen. Onkel Fritz hatte sich mit der Route zu befassen, für die Reisehandbücher zu sorgen und bei Leuten, welche schon in Italien gewesen waren, zu erkundigen, wie man die Sache am besten anfinge. Mir lag die ganze Ausrüstung ob, und mein Karl, das arme Rheumatismuswurm, wurde verpflichtet, Italienisch zu treiben, weil er sich um andere Dinge seines leidenden Zustandes wegen nicht viel kümmern konnte. Es war ein rührendes Bild, wenn die Dulderseele am Ofen saß und sich in der fremden Sprache belernte. Nach acht Tagen meinte er jedoch, daß er sich schon durchfinden werde, und am Tage der Abreise sagte er:“Das Italienische macht mir gar keine Mühe mehr!“ Dies machte mich stolz und glücklich zugleich.

Ich hatte in der Zeit, die mir blieb, die Hände keineswegs in den Schoß gelegt, denn erstens mußte das hellgraue Reisekostüm für mich fertig gemacht werden und ein neues luftiges Sommerkleid zum Gondeln auf dem Golf von Neapel durfte auch nicht fehlen. Dann kam die neue Wäsche für meinen Karl und ein weißer Anzug. Den echt italienischen Strohhut wollten wir an der Quelle kaufen. Des Abends studierte ich Kunstgeschichte, denn nichts ist törichter, als wenn jemand nach Italien reist und von Kunst keine blasse Ahnung hat. Wer wegen Rheumatismus hingeht, den trifft natürlich in dieser Hinsicht kein Tadel, für den ist das milde Klima die Hauptsache. Aber was wollen Menschen in Italien, die weder wissen, was Antike, noch was Renaissance ist, die nie etwas von der Toscanischen oder der Umbrischen Schule gehört haben und in der Architektur nicht einmal die dürftigsten Kenntnisse besitzen? Derlei Leute täten besser, zu Hause zu bleiben, anstatt die Kunstwerke anzusehen wie der Mops den kalten Ofen. – Ohne Verdruß sollten diese Vorbereitungen jedoch nicht vorübergehen, denn erstens mußte ich mich über Onkel Fritz ärgern und zweitens über die Bergfeldten. Onkel Fritz sagte mir in Gegenwart der Kinder, ich hätte keine Idee vom Reisen, denn das, was ich in Szene setzte, sei das Spazierenführen von Koffern. Das Sommerkleid sollte ich nur zu Hause lassen und meines Mannes weißer Anzug sei ein Unsinn.“Bist du denn schon einmal in Italien gewesen?“ fragte ich ihn spitz. –“Nein!“ sagte er. –“Dann rede nicht über Dinge, die du nicht verstehst. Wo Apfelsinen reif werden, ist es warm, und wo es warm ist, geht man nicht in Winterzeug. Du hast die Geographiekarte wohl über Kopf gehalten und Samojedien für Italien angesehen!“ Hierauf wußte er kein Wort zu entgegnen. Er zog allerdings mit den Schultern, als wenn er sagen wollte“Meinetwegen“, aber glaubhafte Gründe hatte er nicht auf Lager.

Mein Karl hatte inzwischen in dem Lexikon nachgeschlagen und rief:“Über Kopf heißt sopra testa!“ –“Geh' hin und lerne was wie andere Leute!“ rief ich. Mit diabolischem Gelächter verschwand Onkel Fritz. –

Den zweiten Ärger bereitete mir die Bergfeldten. Sie hatte natürlich von der Reise gehört und machte mir einen Neugiersbesuch“Also nach

Italien?“ fragte sie und fuhr dann fort:“Ja, der Mittelstand kann es nicht, der muß sich mit Treptow und dem Eierhäuschen behelfen!“ – Ich setzte ihr auseinander, daß meines Mannes Rheumatismus die Reise notwendig mache, aber sie meinte, ihrem Manne habe damals Ochsenkroziuspflaster sehr gut getan, und was ich denn in Italien wollte, ich sähe ja gesunder aus als wie eine vom Lande.

Auf diese Impertinenz antwortete ich gar nicht, obgleich es mir innerlich kribbelte, sondern schenkte ihr kalt lächelnd die dritte Tasse Kaffee ein. Als sie diese beim Wickel hatte, fragte sie:“Und wo bleiben denn die beiden Töchter?“ –“Hier im Hause.“ –“Ganz allein?“ –“Die alte Marie, unser Mädchen, sorgt für sie.“ –“Dabei würde ich als Mutter mich nicht beruhigen.“ –“Wieso?“ –“Dienstmädchen machen selbst Torheiten!“ –“Ich verstehe Sie nicht, meine Beste!“ – Die Bergfeldten grifflachte vor sich hin und sagte:“Hübsch herangewachsen sind die beiden ja, aber gerade in solchem Alter muß man aufpassen. In Berlin laufen zu viel ledige junge Leute herum; von den Offizieren will ich gar nicht reden!“

Nun riß mir die Geduld.“Haben Sie nur keine Angst, meine Liebe, meine beiden sind auf Blaublindheit erzogen, die stürzen nicht ans Fenster, wenn einer in zweierlei Tuch vorübergeht. Meine Töchter brauchen sich nicht im Tiergarten bei der Flora mit einem Buch hinzusetzen und darüber weg nach Bräutigams zu glupen!“ –“Meine auch nicht, meine Beste,“ sagte die Bergfeldten giftig. –“Mir lieb zu hören,“ rief ich,“aber sitzen tut Ihre da doch.“ Das wäre Verleumdung, begehrte sie auf. Ich erwiderte, daß ich mir meine Kinder erst recht nicht verklatschen ließe und was ich gesagt hätte, wäre die Wahrheit. – Nun, wir schieden nicht gerade als intime Freundinnen.

Als die Bergfeldten fort war, sagte ich zu meinem Manne:“Karl, laß uns reisen, je eher, je lieber. Diese Person hat mir nur die Freude verbittern wollen. Ich weiß, daß ich mich auf die Kinder und auf die alte Marie verlassen kann. Zum Überfluß will ich die Krausen bitten, hin und wieder nach dem Rechten zu sehen!“

„Tue das, Wilhelmine!“ antwortete mein Karl,“auch ich sehne mich nach dem milderen Klima. Wir schreiben schon den zweiten April und draußen wirbelt der Schnee in großen Flocken. April ist leicht zu behalten, er heißt italienisch aprile.“

Am nächsten Morgen früh ging Onkel Fritz unter die Linden nach dem Schlafwagen-Kontor und kaufte dort drei Rundreisebillets und die Tikets für den Schlafwagen bis München. Mein duldendes Lamm von Mann sollte es bequem haben, und auch ich liege des Nachts lieber, als daß ich in einer Waggonecke hocke. Was Onkel Fritz betrifft, so ist dem das Beste eben gut genug; ja er bildet sich sogar ein, die Schlafwagen seien extra seinetwegen erfunden worden. –

Am Nachmittag stiegen wir auf dem Anhalter Bahnhof in den Schlafwagen, und um halb Drei dampften wir mit dem sogenannten Römerzuge ab. Mit demselben Zuge fuhren auch in früheren Zeiten die deutschen Kaiser nach Italien , so daß, genau genommen, das Historische der Reise schon beim Askanischen Platz anfängt, bis man, unten in Italien angelangt, nur so in der alten Geschichte herumwatet. Man muß vorher aber etwas über das Altertum gelesen oder von Sachkundigen erzählt bekommen haben, weil man sonst den historischen Boden für ganz gewöhnlichen Bauschutt hält und bei dem Betreten desselben keine anderen Gefühle hat, als wenn man bei den Rehbergen vorbeispaziert und auf einer Tafel die Inschrift liest: Hier kann Müll abgeladen werden.

In dem verklärenden Lichte der Geschichte jedoch wird auch das Unscheinbarste interessant, und wer graulicher Natur ist, den überlaufen auf historischem Boden mehr Gänsehäute als beim Durchlesen der Kriminalzeitung, auf welche Herr Krause abonniert ist und die wir mitunter leihen. Aber, wie gesagt: Vorstudium ist unbedingt dazu nötig!

Vorwärts

Im Schlafwagen – Herr Oehmichen – Die Antike vom Standpunkte der Nützlichkeit – Der erste Skat – Herr Spannbein und die Kunstbrahminen – Adam und Eva – Warum die Festung Kufstein nicht eingenommen werden kann – Wie Gebirgslandschaften gemalt werden – Bozen – Warum Herr Buchholz um eine Gardinenpredigt kam

Berlin lag hinter uns, auch Lichterfelde mit der Kadettenfabrik war unseren Blicken längst entschwunden, und rastlos ging es in die weite Welt hinein. Ich dachte an die Kinder, und mir ward ganz weich ums Herz.“Nein,“ sagte ich zu mir selber,“meine beiden sehen nicht aus den Fenstern nach jungen Männern. Die Bergfeldten ist ein alter verleumderischer Ekel-Drache!“ –

Wir saßen sehr gemütlich in dem Schlafwagen, der ja wirklich wie ein kleines Hotel eingerichtet ist. Der Kondukteur – er hieß Stoll – machte uns einen delikaten Kaffee, und da es Bier auf Eis und andere labende Feuchtigkeiten gab, konnte jeder haben, was er wünschte, und meinem Karl tat ein Glas Warmes sehr gut.

„Wenn wir nur einen Skat spielen könnten, ständen wir gar nichts aus,“ meinte Onkel Fritz.

„Pfui!“ rief ich,“wie profan! Wir reisen dem klassischen Lande entgegen, und du kannst an dein verruchtes Kartenspiel denken.“

„Wilhelmine,“ entgegnete Onkel Fritz,“wenn die alten Griechen und Römer den Skat gekannt hätten, würden sie nicht so dämlich zugrunde gegangen sein, denn Skatspielen hält munter.“ –“Weiß Gott,“ seufzte ich,“vor Mitternacht könnt ihr euch ja nie von den vier Wenzeln wegfinden!“ –“Wie wäre es, Mienchen, wenn wir eine Partie Sechsundsechzig zu Dritt spielten?“

Onkel Fritz hielt meinem Karl ein nagelneues Spiel Karten unter die Augen, indem er sagte:“Das soll uns in Italien über manche langweilige Stunde hinweghelfen.“ Tief beleidigt wandte ich mich ab und blickte, ohne ein Wort zu erwidern, aus dem Fenster in die Landschaft. Diese aber gewährte mir wenig Unterhaltung, denn sie bleibt sich meilenweit immer gleich und ist nur Oberfläche, ohne irgendeine anständige Höhe, wie der Kreuzberg. Als daher mein Karl mich nach einiger Zeit wieder zum Mitspielen einlud, sagte ich nicht nein, und als wir in Leipzig anlangten, hatte ich den beiden eine Mark und zwanzig Pfennig abgenommen, wofür ich auf dem Bahnhofe belegte Stullen einkaufte, die uns nachher sehr gut mundeten, da sie durchaus nicht abgelagert waren.

In Leipzig stieg ein Herr ein, mit dem wir gar bald bekannt wurden. Es war Herr Oehmichen, gemusterter Hosenstofffabrikant aus Glauchau, der nach Italien reiste, um dort zu studieren, wie er sich ausdrückte. Als ich mich darauf mit ihm in ein gebildetes Gespräch über die Antike einlassen wollte, von der ich zuletzt sehr viel Belehrendes gelesen hatte, sagte er:"Nee, mein gutes Madamchen, die Antike ist nichts für mich. Warum? Weil sie so absolut wenig an hat. Aber es müßte ganz merkwürdig zugehen, wenn ich in Italien nicht ein bis mehrere Motive zu Hosenstoffmustern fände. Warum? Weil die alten Meister doch auch Geschmack gehabt haben müssen, denn sonst wären sie wohl nicht berühmt geworden." – Auf die neueren Maler war Herr Oehmichen durchaus nicht gut zu sprechen. Er sagte, sie hätten nicht die Spur von Phantasie; man könne die ganzen Kunstausstellungen durchrennen, ohne auch nur eine Andeutung von einem Motiv zu finden."Warum? Weil sie immer nur solche Stoffe malen, die schon vor Jahren Mode waren, mit denen natürlich kein Geschäft mehr zu machen ist. Und welchen Reiz würden die Bilder haben, wenn die Maler sich Mühe geben wollten, neue Stoffmuster darzustellen. Da reden sie immer von Kolorit, aber auf das Muster geben sie gar nichts."

„Wieso?" fragte ich Herrn Oehmichen. –"Nun," sagte er,"die modernen Künstler vernachlässigen das Detail in unverantwortlicher Weise. Seh'n Sie sich bloß ein Porträt von Lenbachen an. Der steckt die Hände mehrstens hinter den Rücken, und wenn er sie schon malt, dann sehen sie aus wie ein Bündel Frankfurter Würste in Rembrandtschem Halbdunkel." – Ich erwiderte:"Auf die Hände kommt es wohl nicht an, sondern auf den idealen Geist." –"Na ja," antwortete er,"auf den ooch, aber so'n Geist muß doch Hände und Füße und was anhaben."

Herr Oehmichen war als Sachse ein geborener Skatspieler, und so wurde die ersehnte Partie denn auch komplett. Die Herren spielten, bis wir in Reichenbach ganz verhältnismäßig zur Nacht aßen und dann in die Koje gingen.

Herr Kleines von dem Schlafwagenbureau hatte dafür gesorgt, daß mein Karl und ich ein reizendes Kabinett für zwei Personen bekamen. Die Betten waren so einladend, daß ich es vorzog, mich gleich zur Ruhe zu begeben, und da ich meinem Karl wegen seines Rheumatismus keine Gymnastik zumuten konnte, so nahm ich das obere Bett für mich. Ich kam viel bequemer hinauf, als ich mir vorgestellt hatte, und als ich lag, sagte ich zu mir:"Besser kannst du es gar nicht haben, Wilhelmine. Der Länge nach im Bett liegen und dennoch nach Italien zu kommen ... dies ist förmlich überirdisch." – –

Am andern Morgen waren wir in München, aber da wir im Schlafwagen uns nicht nur vortrefflich ausgeruht, sondern auch Toilette gemacht und Kaffee getrunken hatten, so konnten wir ohne Anstrengung gleich weiterrutschen. Ein Tag Aufenthalt und das Hotel waren gespart. – Außerdem lud das Wetter auch nicht zum Bleiben ein. Was wir von München sehen konnten, das lag im Schnee, und der Himmel machte ein Gesicht, als wenn er selbst nicht wüßte, ob er für den Tag lächeln oder maulen wollte.

So gemütlich wie in dem Schlafwagen war es in dem Coupé des Zuges nun nicht, den wir benutzen mußten, aber es ging doch. Herr Oehmichen blieb vorläufig in München, um zu versuchen, dort einige Motive aufzugabeln, was mir sehr leid tat, da er im ganzen sehr verständige und gediegene Ansichten hatte. Dafür machten wir die Bekanntschaft eines jungen Malers, der in unser Coupé einstieg und dem man sofort die höhere Bildung anmerkte, denn er trug Glacéhandschuhe und war nobel in der Frisur, was Maler sonst doch nicht an sich haben. Die Unterhaltung kam bald in guten Fluß, denn ich bin dafür, meine Mitreisenden anzureden, weil ich das vornehme Abschließen unterwegs für langweilig halte. Man will doch auch andere Menschen kennen lernen, und wer nicht fragt, der bekommt keinen Bescheid. Herr Spannbein entpuppte sich als ein charmanter junger Mann, so daß Onkel Fritz ihn sehr bald zur Zulassung an die Kognakflasche würdigte.

Ich fragte, um dem Gespräch eine sachgemäße Wendung zu geben, ob die Münchener Malerschule sehr in Flor sei? Herr Spannbein bejahte die Frage und fügte hinzu, daß in München alljährlich ein Dutzend berühmter Künstler entdeckt würde, namentlich Polen und Russen, daß aber nach fünf Jahren die Entdecker die Namen jener nicht mehr wüßten. An Kunstbrahminen fehle es München jedoch ebensowenig wie anderwärts.

„Was sind denn eigentlich Kunstbrahminen?“ fragte ich ihn. –“Das sind Leute, die über Kunst schreiben und keinen Dunst davon haben,“ antwortete er.“Lesen Sie nie ein Buch über die Kunst, verehrte Frau. Sehen Sie selbst, empfinden Sie selbst und kaufen Sie die Bilder, die Ihnen gefallen. Das ist der wahre Kunstsinn.“ –“Aber man muß sich doch unterrichten!“ warf ich ein. –“Unterrichteten sich die alten Griechen? Hatte Phidias ein Buch, aus dem er lernte? Haben die alten Meister nach der Kunstgeschichte gemalt, oder ist die Kunstgeschichte nach ihren Werken gemacht worden? Nein, die Kunst war eher da, als die Kritik, ebenso wie die Kochkunst eher da war, als das Kochbuch!“

Ich mußte gestehen, daß ich die Kunst von dieser Seite noch nicht betrachtet hatte, und auch noch mit niemand zusammengekommen war, der sich so sicher und allgemein faßlich über ein so schweres Thema auszusprechen imstande war wie Herr Spannbein.“Wer nach einem Kochbuch kochen will, ist verloren,“ antwortete ich.“Bloß allein schon die Eier. Eine praktische Hausfrau braucht nur die Hälfte.“ –

„Ganz wie die Auffassung in der Malerei,“ entgegnete Herr Spannbein,“man kommt mit viel weniger aus, als allgemein angenommen wird. Ich kenne Maler, deren Bilder vor lauter Auffassung nicht anzusehen sind. Keine Farbe ist drin, keine Zeichnung, keine Technik ...

aber Auffassung. Und vor so eine Krute stellen sich die Kunstbrahminen hin und verdrehen die Augen und wollen vor Wonne zerfließen. Anständig gemalte Bilder aber reißen sie herunter; davon kann ich ein Lied singen!“

Ich lieh die Flasche vom Onkel Fritz, der mit ihrer Verwaltung betraut war, und stärkte Herrn Spannbein, der sich mächtig in Eifer geredet hatte. – Dann fragte ich ihn:“Woher soll unsereins aber ein Urteil über die Kunst hernehmen, wenn nicht aus Geschriebenem?“

„Sehen Sie die Natur an und dann die Kunstwerke,“ rief Herr Spannbein.“Finden Sie die Natur in den Werken der Künstler wieder, dann sind dieselben gut.“ – Hierauf entgegnete ich, daß manches in der Natur doch nicht schicklich zu betrachten sei, wie meinetwegen Adam und Eva, und teilte ihm in bezug auf die Antike Herrn Oehmichens Meinung mit. Herr Spannbein lächelte mitleidsvoll und sagte:“In der Kunst ist alles schicklich. Übrigens brauchen Sie sich vor den Antiken in Italien nicht zu fürchten, denn der prüden Engländerinnen wegen sind die Statuen in den Sammlungen und Museen alle mit Feigenblättern dekoriert, als hätten sie einen Sündenfall getan. Es war auch eine Sünde, sich von Leuten ausgraben zu lassen, welche die Götterbilder ihrer Vorfahren bekleiden, damit sie von Pensionsfräuleins nicht shocking gefunden werden!“

Meinem Karl, der bis jetzt fleißig in seinem italienischen Sprachbuche gelernt hatte, schien der Dialog über die Intimitäten der Kunst nicht zu behagen und fragte Herrn Spannbein daher, ob er Skat spiele? Kaum hatte dieser die Frage bejaht, so war auch die Partie schon arrangiert. Diesmal kam mir die Unterbrechung sehr gelegen, beim Herrn Spannbeins Ansichten stimmten mit denen, welche ich kürzlich aus den Büchern geschöpft hatte, durchaus nicht überein, weshalb mir so wirr zu Sinn war, daß ich der Ruhe bedurfte und meinen aufgeregten Geist durch Betrachten der Landschaft wieder ins Gleichgewicht zu bringen suchte.

Der Schnee hörte allmählich auf. Feld und Anger zeigten die ersten Spuren von neuem Grün, wenn auch die Bäume noch unbelaubt standen und nur die Tannen in ihrem dunklen Nadelgewande andeuteten, wie ungefähr sich das Ganze ausnehmen würde, wenn es wieder Sommer geworden. Die Berge rechts und links wurden immer höher. Die meisten waren noch vom Winterschnee bedeckt, aber unten im Tal, durch das wir fuhren, ganz hart am Bahngeleise blühten schon die Schlüsselblumen. Das war der erste Gruß vom Frühling, der hinter den Alpen weilte und dem wir entgegenzogen, da er zu uns noch nicht kommen konnte, weil es ihm droben im Norden nicht warm genug war, denn nach den neuesten Untersuchungen der Gelehrten bringt, wie ich kürzlich in der Hausfrauenzeitung las, nicht der Frühling die Wärme, sondern die Wärme bringt den Frühling. Wie ganz anders erscheint doch die Natur, wenn man sie durch die Lorgnette der Wissenschaft betrachtet!

Unser Zug fuhr in den Bahnhof von Kufstein ein. Dieses Kufstein liegt reizend an dem Flusse mit seinen schlanken Türmen, über die hoch hinaus schroffe Felsen ragen, auf denen man eine Festung erblickt, welche außer durch Dynamit nicht einzunehmen ist, wie mir nachher auf dem Perron ein niedlicher österreichischer Offizier versicherte. Nur wenn man unmittelbar unterhalb der Festung ein Loch in den Felsen bohren und dieses, nachdem es mit einer genügenden Menge Dynamit gefüllt worden, mittels eines Zündfadens explodieren lassen würde, sei der Feind imstande, die unüberwindbare Festung in die Luft zu sprengen. Dies sei aber wiederum unmöglich, weil draußen eine Schildwache stände, welche jeden Bohrversuch unverzüglich dem Kommandanten zu melden habe. Das Häuschen der Schildwache habe ich auch mit meinen eigenen Augen gesehen.

Trotz der schönen Lage gefiel mir Kufstein doch nicht in dem Maße, wie es mir hätte gefallen müssen, denn dort ist der österreichische Zoll, und eine Zollrevision verdirbt das beste Amüsement. Da muß man mit seinen Koffern und Taschen antreten, dieselben öffnen und den männlichen Zollbeamten Einblicke in die vertraulichsten Garderobeverhältnisse gestatten. Nun, ich bin gottlob eine ordentliche Frau und kann überall sehen lassen, was ich über den Leib ziehe, aber es war mir doch ein sehr peinliches Gefühl, als der junge Mann mich fragte, ob ich Waffen und

Tabak in meinem Gepäck hätte, und zwischen meinen Nachtgewändern nach Revolvern und Zigarren suchte.“Ne,“ sagte ich,“Männecken! Ich rauche weder im Bett, noch schieße ich; so emanzipiert ist die Buchholzen nicht!“

Nachdem wir die Zollrevision glücklich überstanden, Begaben wir uns in die Restauration, um uns zu stärken, aber ich hatte mich doch so aufgeregt, daß es mir nicht ordentlich schmecken wollte, und war deshalb froh, als wir wieder in den Zug stiegen und einen Ort verließen, wo mein Zartgefühl durch die Schranken der Zollpolitik auf das tiefste gekränkt worden war.

Wir bekamen nun bereits italienische Wagen. Die erste Klasse gleicht unserer zweiten, und die zweite unterscheidet sich von unserer dritten hauptsächlich durch Wachstuchüberzüge der Sitze. Daraus machten wir uns jedoch nicht viel, sondern waren vergnügt, zu viert ein Coupé für uns allein zu haben. Herr Spannbein schloß sich uns nämlich wieder an.

Nun ging es in das Land Tirol hinein. Ich hätte nie geglaubt, daß es so viel Berge in der Welt gibt, und konnte nicht umhin, meiner Freude darüber wiederholt Ausdruck zu geben. Herr Spannbein sagte, er begriffe meine Exaltation gar nicht, wenn ich in der Schweiz gewesen wäre, würde ich wegen dieser Maulwurfshaufen kein Aufheben machen.

Eine solche Arroganz verdroß mich.“Ich freue mich an dem, was ich habe, und nicht an den Dingen, die andere Leute für besser halten und die ich nicht kenne,“ sagte ich scharf.“Außerdem will ich Ihnen nur bemerken, daß ich aus dem Flachlande komme, wo es außer dem Kreuzberge und den Pichelsbergen an der Havel keine anständige meßbare Höhe gibt. Hier erblicke ich eine für mich neue Welt. Das graue Felsgestein, die dunklen Tannenwälder, die vielen vergnügten Ortschaften mit den bunt bemalten Häusern gefallen mir zu gut. Wenn nun der Wind die Nebelwolken zerstreut und plötzlich hoch oben in den blauen Wolkenlücken sonnenbestrahlte glänzende Schneegipfel erscheinen, dann möchte ich sogar dem Zuge zurufen, daß er einen Augenblick halte. Und den Genuß wollen Sie mir verekeln?“

Herr Spannbein entschuldigte sich und entgegnete, er habe mir durchaus die Freude nicht verderben wollen, aber er könne nicht dafür, daß die Schweizer Gebirge nun einmal höher geraten seien als die Tiroler. Schließlich bleibe es einem Maler auch einerlei, wie hoch ein Berg sei, auf die Leinwand kriegte er ihn dennoch. Ich fragte, ob er das auch besorgen könne? –“Nichts ist leichter als eine Gebirgslandschaft,“ erwiderte er.“Man mischt den Lokalton, streicht rauf und runter, oben Kremser Weiß darauf und flapp, flapp mit dem Pinsel die Fichten hineingeworfen. Hat man nicht Lust, den ganzen Berg auszuführen, dann malt man Wolken und Dunst darüber. Die Gebirgsmaler können sich mit den Wolken ebensogut helfen wie die Schlachtenmaler mit dem Pulverdampf. Geht ihnen die Kunst aus, dann machen sie Qualm!“

„Und was malen Sie eigentlich?“ fragte mein Karl.

„Genrebilder,“ entgegnete Herr Spannbein mit Selbstbewußtsein. Etwas gedrückt fügte er dann hinzu:“Aber das ist gerade das Feld, das die Kunstbrahminen sich zum Herunterreißen ausgesucht haben. Entweder ihnen paßt der Stoff nicht, oder die Farbe nicht, oder die Ausführung nicht. Auffassung finden sie nie darin.“

„Das ist ja sehr betrübend,“ tröstete ich ihn.

Nun wurde er ganz zutunlich und erzählte von einem Bilde, das er gemalt habe, eine ›Edeldame mit einem Papagei‹ und das von einem Kunstbrahminen so scheußlich schlecht in einer Kritik gemacht worden sei, daß er kaum gewagt habe, sich vor Menschen sehen zu lassen. Und alle seine Kollegen hätten das Bild gelobt. Und es sei gut gewesen, das hätten sie alle gesagt. – Er war ganz zerklüftet, wie frisch verprügelt.

Onkel Fritz erinnerte daran, daß wir lange keinen genommen hätten. Auch Herr Spannbein durfte wieder an dem Kognak partizipieren. –

Ehe wir es merkten, waren wir in Innsbruck. Wie schön die Stadt liegt! Wir sahen die Zillertaler Alpen, wo die Natursänger herkommen, in der Ferne, und die Berge, welche das breite Tal umschließen, durch das der Inn strömt. Wäre mein Karl nicht leidend gewesen, ich hätte vorgeschlagen, einen Tag zu bleiben, aber er sagte:“Wilhelmine, der

Doktor hat mit den Süden verordnet, und der soll ja noch viel schöner sein als das Land diesseits der Alpen." –

„Das wird schwer halten," antwortete ich. –"Sie haben die Schweiz noch nicht gesehen," fiel mir der Maler wieder in die Rede. –"Was versteht ein Genremaler von Landschaft?" donnerte ich ihn nieder. Da war er still.

Wir alle schwiegen überhaupt, bis mir die Gegend anfing sehr bedenklich zu werden."Wo will der Zug nun hin?" fragte ich,"über das Gebirge da vor uns kann er doch nicht." –

„O, er muß wohl," rief Onkel Fritz,"du sollst sehen, wie sie ihm das Klettern beigebracht haben."

Und so war es auch. Ich habe bei Renz und in der Walhalla manche halsbrecherische Arbeit von Menschen und unvernünftigen Kreaturen gesehen, z. B. von Elefanten, die auf Flaschen gehen, und ganz kleinen Kindern, die ihren Vätern wie Maikäfer auf dem Kopfe herumturnen, aber als ich sah, wie eine absolut sinnlose Lokomotive ihren Weg bis oben auf ein Gebirge hinauf findet, respektierte ich doch den menschlichen Geist, der so etwas überhaupt möglich macht. Je höher wir hinaufkamen, um so winterlicher wurde es wieder, denn der Brenner war ganz mit Schnee bedeckt. Oben auf der Station wurde Halt gemacht. Wir sahen den Brennersee mit seinem grünen Gewässer inmitten der Schneegipfel und die Eisack, die sich als Wasserfall herunterstürzt. Wenn man ganz einsam dort wohnte, hörte man Tag und Nacht nur das Rauschen des Wassers, allein nun kommt die Lokomotive täglich ein paarmal zu Besuch und pfeift und schreit und verdirbt den poetischen Eindruck. Aber ist es nicht überall ähnlich so? Die Menschheit tobt und hastet durch das Leben, als sei die Erde nichts als eine Eisenbahnstation, und man muß sich wundern, daß es überhaupt noch Poeten gibt, die Ruhe zum Dichten finden. Deshalb ist es gut, wenn die jungen Talente so hart wie möglich behandelt werden, damit ihre feine Empfindung sich verliert und sie in dem allgemeinen Skandal arbeiten können, als wäre die Dichtkunst eine Art von Chausseesteinklopfen.

Nachdem wir uns die Füße ein wenig in dem Schnee vertreten hatten, stiegen wir wieder ein, und nun gings bergab. Bald hatten wir die weißen Gipfel über uns, und wärmer und wärmer wurde es. Und nun kamen grüne Bäume, und als wir wieder unten im Tal waren und der Zug seine natürliche Geschwindigkeit annahm, da sausten wir durch den herrlichsten Frühling. Und welch ein Frühling! Alles war Baumblüte – statt Winterschnee Blütenschnee.

„Karl," sagte ich zu meinem Manne,"mir ist gerade so zumute wie damals, als ich mit der Großmutter zum erstenmal in Werder war und die Kirschen blühten. Nur ist es hier felsiger und großartiger, und statt der Weinstöcke haben sie dort Kartoffeln auf den Feldern; sonst ist es ziemlich dasselbe."

Wie die Orte alle heißen, an denen wir vorbei kamen, das konnte ich nicht erfahren, denn Herrn Spannbeins geographische Kenntnisse erwiesen sich als sehr mangelhaft. Ich freute mich aber an all den Städtchen und an den sauberen Dörfern, besonders an den schmucken Kirchen, die daliegen wie die Gluckhennen, an die sich die Grabsteine anschmiegen wie schutzsuchende Küchlein, wenn es Abend wird. Das Leben ist freilich angenehmer in der Stadt, das Begraben dagegen auf dem Lande. Gegen das Verbrennen bin ich ganz und gar, denn der Mensch wird nicht zum Schmoren in die Welt gesetzt. –

Am Spätnachmittag erreichten wir Bozen, das wegen seiner eingemachten Früchte berühmt ist. Nun, wo so viel Obst wächst, ist das Einmachen keine Kunst. Aber was sollen wir bei uns anfangen, wie im vorigen Jahre, wo die Zwetschen nicht ordentlich reif wurden? – Man macht Essigpflaumen daraus.

In Bozen blieben wir, da mein Karl sich erholen mußte. Es war aber so milde Luft, daß wir, zu später Abendzeit, noch einen langen Spaziergang im Mondenschein unternehmen konnten. Onkel Fritz fand eine Bierwirtschaft auf, in die er uns hineinzerrte."Für die nächste Zeit gibt es kein Bier mehr," sagte er. – Ich war empört.

Als ich aber sah, wie auch Herr Spannbein, der doch ein Künstler ist, sich gut tat, trank ich auch mein Töpfchen, obgleich ich mir wohl bewußt war, daß ich die Reise nicht unternommen hatte, um in einem räucherigen Lokale zu kneipen und zuzusehen, wie die Herren Skat spielten. So war ich, wie schon so oft im Leben, unter Larven die einzige fühlende Brust, und mit einer gewissen Schadenfreude dachte ich daran, daß Onkel Fritz auf einige Wochen dem Biere entsagen müßte, dem er so sehr nachhängt, daß er darüber immer noch nicht zum Heiraten gekommen ist. Für meinen Karl präparierte ich eine kleine abendliche Mahnrede, aber da sein Rheumatismus ihn wieder stark marterte, verschonte ich ihn vorläufig damit. Es muß eben alles seine Zeit haben.

Jenseits der Alpen

Die Gattin als Opfer der Regie-Zigarren – Zollschrecknisse – Warum es ein Glück ist, daß die Welt nicht von Malern regiert wird – Verona – Warum Italien der ewige Friede wünschenswert ist – Der Schutzengel in den Ruinen – Molto interessante – Tierkämpfe – Wilhelmine Buchholz faßt eine Idee – Julias Grab – Der Halbgare – Die Koffer

Am anderen Morgen früh reisten wir weiter. Wir waren rechtzeitig am Bahnhofe und gingen in den Wartesaal, aber die Menschheit hatte am Tage vorher Zigarren darin geraucht, und der Dunst davon hing noch an den Wänden. So etwas Furchtbares war mir nie zuvor in die Nase gekommen. Als Onkel Fritz mir erklärte, daß dies das Aroma von den Regie-Zigarren sei, bedauerte ich alle Frauen der Welt, deren Männer Regie-Tabak rauchen müssen, denn sie bringen den Gestank ja nie wieder aus den Gardinen und Möbeln heraus. Und wie kann man einen Mann liebevoll umarmen, der nach solchem Pest-Odeur riecht, gegen den die Panke Eau de Cologne ist. – Herr Spannbein riet mir jedoch, mich daran zu gewöhnen, denn in Italien sei der Tabak noch schlimmer als in Österreich. –“Nie!“ antwortete ich entschieden und eilte ins Freie. Nach einer Weile folgte mein Karl mir.“Wilhelmine,“ sagte er flehend,“du mußt mir helfen.“ –“Wieso?“ fragte ich erstaunt. –“Ich habe einen Posten Zigarren glücklich durch den österreichischen Zoll gebracht, aber Herr Spannbein sagt soeben, daß man in Ala, an der italienischen Grenze, noch viel unkulanter auf Tabak fahndet als in Kufstein. Wie wäre es, wenn du einige Pakete an dich nähmst?“ –“Karl!“ rief ich entsetzt,“willst du mich zu Greueltaten verleiten?“ –“Bei dir sucht niemand Zigarren.“ –“Ich kann den Staat nicht hintergehen.“ –“Der Zoll ist so unvernünftig hoch,“ erwiderte mein Karl,“und willst du, daß ich Regie-Zigarren rauchen soll?“ –“Nein,“ antwortete ich,“dann würde mir die ganze Reise verräuchert.“ –“Also du willigst ein?“ –“Kann ich anders?“ seufzte ich.“Ach, ich glaubte, Italien sei ein himmlischer Blumengarten, aber jetzt schon merke ich, daß auch Brennesseln darin wachsen. Ich will tun, was ich tun kann, mein Karl!“

Der Zug lärmte heran. Wir stiegen in ein Coupé, in welchem jeder seine Fensterecke hatte. So schön auch die Natur war ... ich konnte mich ihrer doch nur halb erfreuen, denn die Zigarren machten mit Sorge. Auch mein Karl war nicht froh. Er nahm sein italienisches Lernbuch wieder vor und studierte eifrig.

Die Häuser zeigten eine andere Bauart als bisher; hin und wieder standen dunkle Zypressen in der Nähe der Kirchen und sahen aus wie ernste Ausrufungszeichen in der Natur. Alles wurde anders, und mit Schreck dachte ich daran, daß auch die Sprache bei den Menschen sich änderte, und sie kein Deutsch und ich kein Italienisch verstände. Aber ich tröstete mich, denn mein Karl lernte, daß ihm der Schweiß auf der Stinte stand.“Karl,“ flüsterte ich ihm zu,“wie ist es mit den Zigarren?“ Mein Karl sagte nun Onkel Fritz einige Worte ins Ohr, und dieser veranlaßte darauf Herrn Spannbein, den Kopf aus dem Waggonfenster zu stecken. Auch Onkel Fritz tat, als ob er die Landschaft notwendig betrachten müsse, und verhinderte Herrn Spannbein dadurch am Zurückschnappen. Mein Karl holte nun die eingewickelten Zigarren hervor, und ich band sie unter. Hätte Herr Spannbein sich in diesem Moment umgedreht – ich glaube, ich wäre durch den Boden gebrochen und wenn der Zug mich in Mus zermalmt hätte. Als ich wieder repräsentabel war, lächelte ich, als wenn nichts vorgefallen sei, aber innerlich war ich so unglücklich, daß ich am liebsten gleich wieder nach Hause gereist wäre, wenn es sich anstandshalber hätte machen lassen. Onkel Fritz kam aber auf die gute Idee, nach der Flasche zu sehen, und infolgedessen wurden wir wieder so guter Laune, als unter diesen peinlichen Umständen möglich war. Herr Spannbein machte mich auf die Trümmer eines Bergsturzes aufmerksam, der einst eine blühende Stadt verschüttet haben soll. Zu jeder anderen Zeit hätte ich ja gerne Mitleid mit den unschuldigen Menschen gehabt, die der Berg erschlug, aber jetzt war ich dazu nicht imstande, weil die Zigarren mich zu sehr genierten.

Endlich kam Ala. Mir war, als wenn ich ersticken sollte. Unsere Koffer wurden gebracht und auf lange Tische gelegt. Ein Zollbeamter trat an unser Gepäck und fragte mich etwas, indem er lebhaft gestikulierte. – Ich verstand kein Wort von dem, was er sagte. Dieser Augenblick war schrecklich. Hilfesuchend blickte ich meinen Karl an, aber ich merkte nur zu gut, daß auch er aus dem Gerappel nicht klug werden konnte. Und er hatte doch so fleißig Italienisch gelernt.

Zum Glück war Herr Spannbein der Retter aus der Not, denn er konnte sich mit dem Zollbeamten verständigen, und dieser benahm sich netter, als wir erwartet hatten, denn, nachdem unsere Sachen flüchtig durchgesehen waren, durften wir abziehen. Onkel Fritz, der nur ein kleines Handköfferchen mit sich führte, wurde, wie mir schien, mit einem anderen Aufseher ganz gut fertig. Dies war mir rätselhaft.

Ehe wir in den Wartesaal gelangten, erlebte ich das fürchterliche Schauspiel, wie eine Dame von einem Zollbeamten in ein Zimmer genötigt wurde, wo eine Frau sie durchsuchen sollte. Die Dame sträubte sich, aber es half ihr nichts, und die Tür schloß sich hinter der Unglückseligen. Da tat ich einen Schwur, nie wieder zu schmuggeln, und mehr tot als lebendig kam ich in dem Wartesaal an. – Die Zigarren waren jedoch gerettet.

Mir klebte von all der ausgestandenen Angst die Zunge am Gaumen. "Karl," sagte ich, "besorge mir eine Flasche Selterwasser, ich kann es vor Durst nicht mehr aushalten.“ Nie vergesse ich den Blick, mit dem mein Karl mich ansah, als er mich fragte:“Weißt du denn, wie Selterwasser auf Italienisch heißt?“ Ich suchte Herrn Spannbein – er war nicht da. – “Karl, ich verschmachte!“ – Mein Karl faßte Mut. Er ging an die Schänke. – Ich sah, wie er mit dem Wartesaalwirt sprach und dieser ihm dann eine Flasche einhändigte. Mein Karl kam zurück.“Selterwasser konnte ich nicht bekommen,“ sagte er etwas niedergeschlagen,“aber hier habe ich eine halbe Flasche Wein.“ Er schenkte ein, und ich nahm einen gehörigen Durstschluck. Aber wie ward mir? – Mein Karl hatte statt Selterwasser bitteren Wermutwein ergattert!“Karl,“ sagte ich,“ist dies das ganze Italienisch, was du gelernt hast? Wenn du noch mehr solche Sprachfehler machst, wirst du mich bald auf dem Kirchhof haben, denn das Zeug kann ich nicht vertragen. Gerade Selterwasser hättest du zu allererst lernen müssen, denn das gebraucht man am meisten.“ Er blätterte in seinem Taschenlexikon, aber wie sich herausstellte, hatte Onkel Fritz den Band mit dem S darin mitgenommen. Der Durst wurde von Sekunde zu Sekunde quälender, zumal nach dem bitteren Getränk. Es half nicht mehr, ich faßte Mut und ging selbst und verlangte laut und deutlich:“Ein Selters!“ Der Mann nickte, und der Kellner brachte mir ein Siphon. – “Siehst du, Karl,“ rief ich vergnügt,“Selters heißt auf Italienisch Selters.“ Dann fragte mein Karl den Kellner quanto costa? und dieser gab ihm auf einen österreichischen Gulden einige Kupfermünzen heraus. Als er fort war, sagte mein Karl:“Ich glaube, der Kellner hat mich bemogelt,“ aber ich tröstete ihn, das wäre Lehrgeld, das jeder in einem fremden Lande bezahlen müßte; er sollte sich nur nicht ängstigen, wir würden schon ganz gut durchkommen.

Ganz froh war ich jedoch erst wieder, als wir mit samt unserem Gepäck abdampften und Ala mit seinem Zoll hinter uns hatten. Nun waren wir in Italien und über alle Fährlichkeiten hinweg. Die Gegend hätte freilich schöner sein können, aber mich interessierten die Felder, auf denen das Korn grünte und die außerdem mit Maulbeerbäumen bepflanzt waren, deren Blätter die Seidenraupen bekommen. So weit das Auge reichte, erblickte es die Bäume, und von Baum zu Baum schlangen sich

Weinreben wie Girlanden. Dazwischen lagen Gehöfte, und an den ländlichen Stationen sahen wir auch die Menschen, aber die gingen nicht in Seide, sondern hatten grobes Zeug an und machten nur einen ärmlichen Eindruck inmitten all der Fruchtbarkeit. Herr Spannbein fand die Gesellschaft höchst malerisch, ich aber bemerkte, daß ich doch mehr für Seife wäre. Onkel Fritz stand mir bei und erklärte die barfüßigen Kinder für ausgemachte Dreckmöpse. Es ist ein großes Glück, daß die Welt nicht von Malern regiert wird, denn sonst ginge sie wohl des malerischen Effekts wegen an Ungewaschenheit zugrunde.

Dann zeigten sich Festungswerke, die wir passierten, und dann waren wir in Verona. Ein Omnibus brachte uns nach dem Albergo S. Lorenzo, wo uns ein Kellner empfing, der fließend Deutsch sprach. Dies gefiel mir außerordentlich und meinem Karl erst recht.

Mein Karl und ich erhielten ein Zimmer mit Aussicht auf den Fluß und die fernen, schneebedeckten Alpen. Ich stellte mich an das Fenster und schwärmte gerade in diesem Anblick, als er sagte:"Wilhelmine, nun kannst du mir die Zigarren wiedergeben." Wenn ich mich auch über diese Störung in meinen poetischen Gedanken ärgerte, so war ich doch froh, den Gegenstand der Angst loszuwerden, und ich befreite mich von den Paketen. Mein Karl freute sich, als er wieder in ihren Besitz gelangte; nur ein Paket hielt er mir vorwurfsvoll hin und sagte:"Wilhelmine, hättest du nicht vorsichtiger sein können? Gerade die besten hast du zu Krümeln gesessen!" –"Karl!" erwiderte ich,"danke der Vorsehung, daß ich sie in der Angst nicht alle miteinander zerdrückte. Ich habe für dich getan, was ich konnte!" Mein Karl umarmte mich, und wir gingen hinunter in das Restaurant.

Auf dem Flur lagen auf einem Tische die köstlichsten Gemüse ausgebreitet und Wildpret und allerlei Geflügel, damit man sich aussuchen konnte, wozu man Appetit verspürte, aber da Herr Spannbein und Onkel Fritz bereits warteten, hielten wir uns nicht lange auf. Wir setzten uns und ließen uns auf Herrn Spannbeins Rat nach Veroneser Art servieren. Die Suppe war sehr merkwürdig, denn sämtliche Gemüsestengel der Welt waren hineingeschnitten, und noch merkwürdiger wurde sie, als wir geriebenen Parmesankäse hineinstreuten, der aufgeweicht ganz lange Fäden zog. Wir haben später noch oft solche Suppe gegessen, aber erst als ich auf den schlauen Gedanken kam, ein Töpfchen Fleischextrakt zu kaufen und bei Gelegenheit ein wenig davon an das Kräuterwasser zu rühren, das sie Suppe nennen, wurde es für uns genießbar. Dann kam Spargel. Mein Karl hatte sich sehr darauf gespitzt, denn Kotelett mit Spargel ist sein Leibgericht, aber als man uns lange grüne Stangen brachte, die schon in Saat schießen wollten und obendrein bitter schmeckten wie Galle und zäh waren wie Bindfaden, da sagte er:"Wilhelmine, Italien mag ja sehr schön sein, aber von Spargel haben sie hier keine Ahnung." – Nachher hielten wir uns an Makkaroni, die sehr gut waren, und speisten gebratene junge Hühner. Delikat, sage ich. Und der Salat war exzellent."Hat man hier auch keine Berliner Küche," bemerkte ich,"so läßt sich doch auch ganz gut leben!" Unser Mahl schloß fideler, als es begann, und in bester Stimmung machten wir uns auf, Verona zu besehen.

Sonderbar ist diese Stadt, man möchte meinen, sie sei einmal eingeschlafen und könnte nun nicht wieder aufwachen. In den Straßen stehen große Paläste, aber niemand wohnt darin, und die Fenster sind mit Brettern vernagelt. Neben den Palästen stehen andere Häuser, aus denen arme Leute herausschauen. Mitten in einer Straße steht ein alter Triumphbogen, aber es zieht niemand mehr mit Glanz und Pracht da hindurch, und wenn man weiter geht, trifft man endlich auf den verzauberten Platz, wo die Vergangenheit Veronas schläft. Das sind die Denkmäler der Scaliger, unter deren Herrschaft Verona zum letzten Male blühte und glücklich war. Auf hohen Postamenten stehen die Sarkophage, umgeben von Figuren, die sich ebensowenig rühren wie die Toten, die sie bewachen, und rund herum schließt ein wunderbares Geflecht von Eisen den Platz ein, wie die Dornenhecke das verzauberte Schloß. Aber wer hatte die Schuld, daß es so kommen mußte? Der eine Bruder ermordete den anderen auf offener Straße, und da war es vorbei mit der Herrlichkeit, und wenn die beiden nun auch von demselben Gitterwerk umhegt sind und derselbe Sonnenschein ihre Särge bescheint: die gräßliche Tat läßt sich nicht ungeschehen machen, und seit jener Zeit schläft Verona.

In den modernen Häusern wohnen auch moderne Leute, und das ist das neue Verona, das uns natürlich weniger reizte, weil unser Interesse doch hauptsächlich auf den historischen Boden gerichtet war.

Sehr angenehm in jeder Beziehung ist der Bädeker, den Onkel Fritz bei sich trug und mit dessen Hilfe wir uns prachtvoll zurechtfinden konnten. Auch steht alles darin, was man zu besehen hat und eine Menge Gelehrsamkeit, so daß man immer gleich weiß, ob man sich für einen Gegenstand begeistern muß oder nicht, wodurch das Studium der Merkwürdigkeiten sehr erleichtert wird. Onkel Fritz nannte den Bädeker daher kurzweg das Rezeptbuch zum Reisen.

Wir spazierten auf gut Glück durch die Straßen und wunderten uns über die Männer, die sich malerisch in eine Art von Radmantel drapieren, über die Frauen, welche keine Hüte tragen, sondern nur einen Spitzenschleier um den Kopf binden, und über die Soldaten, die einen Büschel von Hahnenfedern auf dem Hut haben, daß mein Karl gar nicht begriff, wie sie zielen könnten, da ihnen doch die Federn immer vor den Augen flurrten. Die Offiziere trugen schwarze Handschuhe, und beinig waren sie alle wie die Eichhörnchen. Einen so strammen Eindruck wie unser Militär machten sie nicht, aber wenn der Krieg in den Bergen losgeht, sollen sie klettern können wie die Gemsen und haben dann einen Vorteil vor den anderen, die nicht so springig sind. Onkel Fritz war jedoch der Meinung, das Beste für Italien sei der ewige Friede.

Indem wir nun so weiter wanderten, trat ein kleines Mädchen auf uns zu und sagte etwas. Das Kind war natürlich nicht zu verstehen, aber nach einer Weile brachte Herr Spannbein heraus, daß es fragte, ob wir ein in der Nähe befindliches antikes Theater in Augenschein nehmen wollten.

Als wir dies bejahten, streckte die Kleine die Hand aus, und mein Karl gab ihr eine Kupfermünze. Da sprang sie mit leuchtenden Augen davon und rief laut:" aprile, aprile!" –"Sie hat uns in den April geschickt!" sagte mein Karl,"denn April heißt auf Italienisch aprile." – Ich wollte mich schon über das heimtückische barfüßige, kleine Geschöpf erbosen, als es jedoch in Begleitung zweier ruppig aussehender Männer zurückkam, von denen einer uns zu folgen winkte und eine Art von Scheuntor aufschloß, durch das wir in die Ruinen des alten Theaters traten. Viel zu sehen war allerdings nicht, und aus den Höhlen und Gängen konnte ich für mein Teil nicht klug werden. Mir fehlte auch die Gemütsruhe zur richtigen Würdigung der Trümmer, denn durch die Türe waren noch zwei banditenhafte Kerle eingeschlichen, und als sie drinnen waren, schloß der erste Mann das Tor zu. –“So,“ dachte ich,“nun sind wir geliefert, und das Abmurksen geht los.“ Ich hatte in meinem Leben genug Schaudergeschichten über Italien gelesen und sah uns schon als ausgeraubte Leichen in den verfallenen Gängen des alten Theaters liegen. Da aber fielen meine Blicke auf das Kind. –“Nein,“ sagte ich mir,“in Gegenwart des Kindes können sie uns unmöglich hinschlachten,“ und als die Kleine kam und mir einen Strauß von schönen Farnkräutern und wilden Blumen brachte, die sie hoch oben auf den Trümmern gepflückt hatte, da nahm ich sie und küßte sie; es war mir, als hielte ich einen von den kleinen Engeln in meinen Armen, wie sie die Maler auf ihren Bildern abgemalt haben. So oft ich später neben all den griesgrämigen Heiligen und Heiliginnen einen Engel auf den alten Meisterwerken sah, sagte ich:“Das ist das Kind von Verona.“

Die Männer taten uns auch nichts. Sie erhielten ihr Trinkgeld und waren ungemein höflich; ich hatte mich umsonst geängstigt. Warum wird aber auch so viel dummes Zeug über Italien zusammengeschrieben? Man muß doch die Leute nicht graulich machen.

Herr Spannbein schleppte uns darauf in verschiedene Kirchen, wo mich die Art und Weise, wie man die Bilder besieht, sehr amüsierte. Die meisten Bilder hängen nämlich in so dunklen Nischen und Seitenkapellen, daß man nichts erkennen kann. Deshalb zündet der Meßner eine kleine Wachskerze an, die er an einer langen Stange befestigt und mit der er die einzelnen Köpfe beleuchtet. Manche Gesichter sind durch dies Verfahren schon derart mit Ruß angesiehlt, daß, wie Herr Spannbein meinte, ein Moderner, der Schornsteinfarbe hat, sie auch gemalt haben könnte, aber die Gemälde hatten einen Stern im Bädeker und sind demnach sehr schön oder wie die Küster sagen: molto bello, oder wenn so gut wie nichts mehr darauf zu erkennen ist: molto interessante.

In der einen Kirche – sie hieß S. Maria in Organo – sahen wir im Chor und in der Sakristei Holzschnitzwert, das ein Mönch namens Fra Giovanni zwischen dem Beten durch angefertigt hat. Dies ist so schön, daß es sich allein der Reise verlohnt. In Berlin machen sie ja auch an Decken und Wänden prachtvolle Holzschnitzarbeiten, aber die sind meistens aus Gips.

Von all dem Herumwandern waren wir schließlich müde geworden und machten uns daher nach einem Café auf. Es ist merkwürdig, wie die Kaffeehäuser sich überall gleichen. Marmortische, langweilige Menschen, Zeitungen und Trinkgeld, und das Café ist fertig. Hier aber hatten wir die Arena vor uns, und kaum fühlte ich mich wieder munter, als ich zum Aufbruch mahnte, um dieselbe zu besichtigen. Es war echter historischer Boden, den wir jetzt betraten, denn in der Arena wurden früher Tierkämpfe abgehalten. Man sieht noch die Käfige, in denen die Löwen aufbewahrt wurden, und die Gefängnisse für die Menschen, die mit jenen fechten mußten. Oben auf den Marmorbänken saßen Tausende von Zuschauern. Nun ließ man die Gefangenen in den Zirkus. Sie grüßten das Publikum mit Anstand und Todesverachtung, weil sie doch wußten, daß ihr letztes Brot gebacken war. Auf ein Zeichen vom Magistrat, der mit den Stadtverordneten in einer besonderen Loge saß, öffneten sich die Gitter, und die wilden Tiere stürzten heraus. Meistens blieben die Löwen Sieger und ließen sich dann ihre Opfer gut schmecken, und das Publikum rief Bravo. Wenn die wilden Tiere satt waren, gingen sie in ihren Stall zurück und sagten, es sei ein angenehmer Nachmittag für sie gewesen. Die Arena wurde hierauf von dem übrig gebliebenen Menschenklein gesäubert und das Blut mit Wasser aus einem Brunnen fortgespült, der noch vorhanden ist. Mich überlief eine Gänsehaut, als ich diese Spuren früherer Grausamkeiten sah.

Wie human ist doch unsere Zeit gegen das Altertum, wenn ich auch nicht sicher bin, ob nicht eine solche Tier- und Menschenhetze heutzutage volle Häuser bei erhöhten Preisen machen würde.

Auf die Herren hatten die schauerlichen Erinnerungen an die Vergangenheit jedoch keinen veredelnden Einfluß ausgeübt, denn kaum hatten wir im Hotel zu Nacht gespeist, als das Skatklopfen wieder seinen Anfang nahm und ich wie Trumpf-Sieben dabeisitzen konnte.

Aussprechen durfte ich mich nicht, ausweinen wie manche, ist nicht meine Manier, aber schreiben – das vermochte ich. Ich ließ mir daher Tinte und Feder geben und fing an, meine Erlebnisse dem Papier anzuvertrauen. – Nach einer Weile fragte mein Karl:"Wilhelmine, was hast denn du da vor?" –"Ich beginne ein Buch über Italien!" –"Sei nicht töricht, es ist ja schon so viel über Italien geschrieben!" –"Du spielst Skat zu deinem Vergnügen, und ich schreibe zu meinem Vergnügen!" erwiderte ich. Mein Karl sagte einen Grand mit Vieren an, und ich wanderte im Geiste auf dem blutgetränkten Sande der Arena. – –

Am anderen Morgen war Markt auf der Piazza dell' Erbe. Herr Spannbein schwelgte in der malerischen Erscheinung des Platzes. An den Häusern sind allerdings noch die Spuren alter Freskogemälde sichtbar: ein bißchen rot, ein bißchen blau, und hin und wieder etwas, das einem menschlichen Rumpf oder einem Angesicht gleicht, aber nichts Ordentliches. Sie sind also molto interessante. Der Markt selber behagte mir dagegen um so besser. Bude stand an Bude, und unter großen leinenen Schirmen saßen die Verkäufer mit Apfelsinen, radgroßen Käsen, Eiern, Gemüsen, Fischen und allen möglichen Eßwaren. Das Geflügel wurde auch im Ausschnitt verkauft. Einer kaufte die eine, ein anderer die andere Keule von einer Henne, ein Dritter die Brust, ein Vierter ein halbes Hinterteil, ein Fünfter die Leber und ein armes Weib den Hals. So hatte jeder ein wenig Huhn für seinen Topf. Die jungen Zicklein werden in derselben Weise stückweise aus dem Fell heraus verkauft, das der Händler wie einen Schrank zumacht, damit die Fliegen nicht an das Fleisch kommen und es schön saftig bleibt. Männer gehen ebensowohl auf den Markt, wie die Frauen, und das handelt und feilscht, gestikuliert und ist vergnügt, als lägen die Schätze Indiens auf dem Marktplatze ausgebreitet und jeder wäre ein Nabob. – Für mich war der Markt viel mehr molto interessante als die bunten Flecken an den Häusern, die jetzt wieder aufgemuntert werden. Onkel Fritz sagte: sie sollten nur Jacobsens Caseïnfirnis zum Malen nehmen, der hielte gegen Wind und Wetter.

Geht man den Gemüsemarkt herunter, so kommt man in die Straße, in der das elterliche Haus der Julia Capuletti steht. In dieser Straße ging das holde Geschöpf mit dem bildschönen Romeo durch, in diesen schmalen Gassen schlugen sich die Leute tot, und nun sollte ich das Haus sehen, in dem Julia wohnte und die Nachtigall flöten hörte, als die beiden nach der heimlichen Trauung ebenso zum ersten Male allein waren wie Lohengrin und Elsa. Das Haus machte aber einen sehr kummervollen Eindruck auf mich. Oben vor den Fenstern des alten Palastes trocknete ein veronesisches Weib fette durchlöcherte Wäsche. Unten im Hof, wo damals der Granatbaum stand und der Strahl des Springbrunnens im Mondschein tanzte, lag ein großer Misthaufen, und in dem weiten Stall, der früher wohl der Ballsaal war, wo Romeo sich in Julietten verliebte, kampierten zwei Maultiere, die das Material zu jenem Haufen lieferten. Dann war noch eine erbärmlich elende Weinschenke in einem der auf den Hof mündenden verödeten Prunkgemächer, die mehr einer Räuberhöhle als einer Wirtschaft glich, und in dem ehemaligen Boudoir der alten Capuletti hauste ein armseliger Bildhauer. –"Hinweg!" rief ich."Das Haus Julias mag ich nicht mehr sehen. Laßt uns nun ihr Grab besuchen, denn mich interessiert das Mädchen." – Niemand spielt den Romeo so entzückend wie Ludwig. Es gibt keine schönere Leiche als ihn, wenn er neben der Bahre liegt und Julia nun hochkommt, ohne zu wissen, daß sie bereits Witwe des Mannes ist, den sie durch den genau auf die Sekunde gehenden Schlaftrunk zum künstlichen Witwer machte. So wie sie dies erfährt, wird sie wahnsinnig und bringt sich um.

Ein Wägelchen führte uns nach dem alten Klostergemüsegarten, wo in einem gräßlichen Loch von Kapelle der Sarg Julias gezeigt wird. Wir mußten erst eine Lira (achtzig Pfennig!) abladen, ehe wir die geweihte

Truhe ansehen durften, in der die Gebeine des liebreizenden Geschöpfes bestattet wurden, und die zu meinem Schreck leer war und ohne Deckel! – Als ich mich hierüber wunderte, erklärte Herr Spannbein, daß dieses Behältnis nie einen Deckel gehabt habe und auch niemals ein Sarg gewesen sei, sondern ein ganz gewöhnlicher Schweinetrog. – "Unmöglich!" rief ich,"man macht doch keine marmornen Viehtröge?" – "Sie werden in Italien noch ganz andere Sachen aus Marmor erleben," entgegnete Herr Spannbein . –"Und für solchen Mumpitz wird einem Geld abgenommen? Wer bekommt denn eigentlich die Groschen, die man für diesen Schwindel bezahlt?" rief ich aufgebracht. –"Ich vermute, Shakespeares Erben ziehen ihre Tantiemen davon," sagte Onkel Fritz,"denn ohne ihn wäre das Troggeschäft hier jedenfalls nicht in Gang gekommen!"

In der Tat blühte der Unfug; die Torglocke hörte nicht auf zu bimmeln, und immer neue Fremde näherten sich mit erwartungsvollen Gesichtern dem Troge, und sahen ihn so traurig an, als hätten sie das Schwein, das zum letztenmale daraus gefressen, besonders lieb gehabt.

Ein junges Paar erregte namentlich meine Aufmerksamkeit. Er war noch blutjung und schaute ziemlich dämlich mit seinen wasserblauen Augen in die Welt hinein, und da er in einem gelbgrauen Reiseanzug ging, helle Flachshaare und einen milchweißen Schnurrbart hatte, sah er aus, als wenn er nicht ordentlich gar geworden wäre und sein Lebelang halbgebacken bleiben müßte. Sie dagegen war, was man gewöhnlich interessant nennt: brünett, mit dunklen Ringen unter den Augen, flusigen schwarzen Haaren, dünnen Lippen und geisterhaft bleich. Die beiden stellten sich vor den Trog. –"Dies ist er!" flüsterte sie und brachte das Taschentuch an ihre Augen."O, Julia, wer wurde je so geliebt wie du?" Sie weinte wirklich. –"Fehlt dir was?" fragte er."Ach nein. Du verstehst mich noch nicht ganz, du Lieber, aber du wirst mich noch verstehen lernen." Sie ging aus den Trog zu und blickte ihn wehmütig an und drückte einen Kuß auf seine Marmorwand. Mir wurde ganz eklig dabei zu Sinn, denn das Geküsse von leblosen Dingen, sowie von Hunden und Katzen kann ich überhaupt nicht ausstehen, und nun erst hier! – Onkel Fritz wollte vor zurückgeklemmtem Lachen bersten.

Die Flusige erhob sich wieder.“Laß uns gehen!“ hauchte sie,“dieser Anblick hat mich tief erschüttert.“ –“Wir hätten lieber im Hotel bleiben sollen,“ sagte er zärtlich. Sie warf ihm einen schmerzlich-lächelnden Blick zu und wandte sich noch einmal seufzend nach dem Troge um. Dann gingen sie.

Wir hatten auch genug, und obgleich Herr Spannbein behauptete, daß in Verona noch vieles zu sehen sei, so entschloß ich mich doch für die Weiterreise:“Verona läuft nicht weg, und Italien ist noch ein langes Ende auf der Landkarte. Den Rest besehen wir uns, wenn wir retour kommen.“

Am Mittag fuhren wir mit dem Schnellzuge nach Mailand ab. Wir waren früh genug am Bahnhof, aber die Nuddelei mit dem Gepäck war schrecklich. Onkel Fritz riet mir, die Koffer in Verona zu lassen, und wenn es nötig sei, lieber neue Sachen zu kaufen. Ich wollte, ich hätte ihm gefolgt. Doch davon später. Diesmal waren die Koffer schuld daran, daß wir erst im äußersten Abrutsch ein Coupé erwischten. In demselben saßen bereits der Halbgare und seine Donna. – Die vermaledeiten Koffer.

Von Verona nach Mailand

Wer der Halbgare war – Flitterwochen – Mailand – Warum Frau Buchholz ihrem Manne das Opernglas wegnahm – Ein Reinfall – Warum die italienischen Schutzleute einen Frack tragen – Ein marmorner Jourfix – Warum Frau Buchholz wissen wollte, was die Mailänderinnen anziehen

Was blieb uns übrig, als unsere Begegnung an Julias Grabe zu näherer Bekanntschaftschließung zu benutzen? Wir stellten uns vor. Der Halbgare nannte sich Hinnerich Kliebisch und stammte aus Pommern, und sie hieß Henriette. Er hatte sie in Berlin kennen gelernt, als er dort sein Jahr abdiente, und sie in einem Privatkonservatorium Virtuosin lernte und sich zur Konzertpianistin ausbilden wollte. Da sie jedoch einsah, daß es bald ebensoviel Klavierspieler geben wird wie Zuhörer, hielt sie es für geratener, Hinnerich Kliebisch, den jungen vermögenden Gutsbesitzerssohn aus Weimersdorf in Pommern, der sich wahnsinnig in sie verliebt hatte, zu heiraten, als das Klavier zu quälen. Dies alles erfuhr ich gar bald, denn wenn ich etwas wissen will, frage ich nachdrücklich. Herr Kliebisch sagte nicht viel, aber sie, die Kliebischen, war sehr aufrichtig gegen mich und vertraute mir, daß sie ihre Hochzeitsreise machten und vier Tage in Verona gewesen wären.“Mein Hinnerich ist ein Engel,“ sagte sie,“sein einziger Wunsch ist, mir das Dasein zu versüßen.“ –“Das muß er auch in den Honigwochen,“ scherzte ich und fragte:“Sind Sie denn auch süß gegen ihn?“ – Sie errötete und flüsterte:“Ich tue alles, was er will, und er tut alles, was ich will!“ –“Das finde ich brav,“ stimmte ich bei und fragte, ob sie auch in Verona alle Merkwürdigkeiten gesehen hätten, zum Beispiel das antike Theater? –“Nein.“ –“Die Arena?“ –“Nein.“ –“Die Kirchen?“ –“Nein, aber das Grab Julias!“ –“Weiter nichts als den Trog? Wo waren Sie denn all die Zeit?“ –“Im Hotel,“ sagte sie,“mein Hinnerich ist nicht sehr für Sehenswürdigkeiten, er mag lieber rudern und angeln!“ – Ich warf einen Blick auf den Halbgaren; er lehnte in einer Ecke und versüßte sich das Dasein durch einen bombenfesten Schlummer. – Und so was reist nach Italien.

An der rechten Seite der Bahn begann es nun herüber zu schimmern, als sei ein Kübel mit blauer Farbe in die Talebene ausgegossen. Dies war der Gardasee. Ich habe einmal ein Bild von demselben gesehen und glaubte immer, der Maler hätte es einem befreundeten Waschblaufabrikanten zur Reklame gemalt, aber der See selbst ist doch noch blauer. Herr Spannbein sagte, so blau wie dieser See dürfte überhaupt in der Natur nichts vorkommen, täte es das aber dennoch, könnte ein auf Ton und Stimmung haltender Künstler eine solche Verirrung nur bedauern. – Als ich ihm vorhielt, daß er mir doch selbst die Beobachtung der Natur angeraten hätte, damit ich mich in der Kunst zurechtfinden könnte, sagte er, es käme ganz darauf an, wie man sie ansähe. Manche lernten es nie. –“Wen meinen Sie damit?“ –“Die

Kunstbrahminen," antwortete er. Ich wollte hierauf erwidern, daß, wenn der See blauvergnügt sei, er sich den Kuckuck um die Bedauerei der Herren Maler scheren würde, aber die Kliebisch schlängelte sich auf ihren jungen Gatten zu und rief:"Hinnerich! Geliebtes Wesen, wir sind schon beim Lago di Garda. Erwache, mein Herze!" – Hinnerich kam zu sich, sie lächelte ihn an, er lächelte sie an, er gab ihr Küßchen, sie gab ihm Küßchen und so mit Grazie noch ein paarmal. Es war eine Daseinsversüßerei im öffentlichen Eisenbahncoupé, die auf uns anderen einen sehr labberigen Eindruck machte. Liebe ist für die Beteiligten ja ganz schön, aber für Unbeteiligte keineswegs angenehm. – In Desenzano am Gardasee stiegen die beiden aus, weil Herr Kliebisch Boot fahren wollte. Henriette fragte, ob wir uns um Ostern in Rom treffen wollten, sie wären entschieden dort, um das berühmte Miserere zu hören und sich mit den Musikzuständen Italiens gründlich zu befassen, worauf ich ihr den Bescheid gab, daß wir im"Orient" logieren würden. – Mein Karl brummte, ich hätte auch etwas Besseres tun können, als ein Rendezvous mit diesen Menschen zu verabreden."Karl," erwiderte ich,"es sind wenigstens Naturmenschen, denen ist der Gardasee nicht zu blau!" – Herr Spannbein verstand den Stich und sah von nun an meistens mißmutig zum Fenster hinaus.

Ich war froh, als wir in Mailand anlangten, denn die Gegend ließ sich halten. Interessant waren mir nur die überschwemmten Reisfelder, in denen die Arbeiter barfuß herumwirtschafteten, wogegen die Maulbeerbäume, die Weinranken und die fruchtbaren Äcker mir schon alte Bekannte däuchten. Man gewöhnt sich so leicht an Fremdes.

Mailand gefiel mir gleich außerordentlich; die Stadt hat einen adretten Anstrich und erscheint nicht so altmodisch wie Verona. Es ist Handel und Wandel in den belebten Straßen, die Läden sind elegant, und die Leute gehen ungemein fein in Zeug. Dies hatte ich schon heraus, ehe wir vor dem Hotel anlangten, und sagte deshalb:"Karl, hier machen wir uns nobel, die Mailänder wissen gute Garderobe zu schätzen!"

Vor der Hauptmahlzeit, die sie in Italien mit dem gräßlichen Namen" pranzo" belegt haben (der Mensch pranzt doch nicht, sondern er ißt mit Vernunft, wodurch er sich ja bekanntlich vom Tiere unterscheidet), besuchten wir den Dom. In Berlin sind die Kirchen nicht halb so groß; im Gegenteil, jede von ihnen kann in dem Mailänder Dom spazieren gehen. Weit über die Häuser ragt er empor: schneeweiß mit unzähligen Zacken und Spitzen, als hätte ein Konditor ihn aus Tragant gespritzt. Sieht man aber näher zu, dann gewahrt man, daß die Spitzen vollständige Türme sind, und die Zacken stellen sich als Marmorfiguren heraus. Zweitausend solcher Bildsäulen sollen sich an der Außenseite des Doms befinden. Man könnte damit in Berlin den Pariser Platz und die Linden bis zum Schloß besetzen, wenn neben jeder Laterne eine Puppe zu stehen käme, und es blieben noch genug für die Chaussee nach Charlottenburg übrig.

Ich würde mich schon mit vier von den Figuren begnügen, um sie auf die leeren Postamente der Zionskirche zu setzen. Wenn einmal ein Mailänder zu uns käme und erführe, daß die Puppen dort bereits seit Jahren fehlen und die Aussicht haben, noch sehr lange auszubleiben, so müßte er die Reichshauptstadt doch für recht pauvre halten. Ich glaube auch nicht, daß, wenn man z. B. auf dem Tempelhofer Felde sämtliche marmornen Nacht- und Waschtische Berlins aufeinander türmte, etwas herauskäme, was dem Mailänder Dom ähnlich sähe, wenn nicht vielleicht die ersten Architekten Deutschlands dazu herangezogen würden, um, wie beim Reichstagsgebäude, zusammengearbeitet zu werden!

Diese Ideen erfüllten mich, als wir um den Dom herum promenierten, weil doch nur derjenige mit Vorteil reist, der sich bei den Gegenständen, die seine Netzhaut treffen, etwas zu denken vermag. – Auf der Straße war viel Publikum, und die Damen erregten mir, wegen ihrer Toiletten, das höchste Interesse. Nun, ich konnte mich auch in meinem neuen Reisekleid für Best zeigen, und es war mir ein erhebendes Gefühl, ihnen ferner durch vornehmes Betragen zu verstehen zu geben, daß wir in Berlin wissen, was sich gehört. "Karl," sagte ich, "wir müssen tun, als imponierte der ganze Zauber uns nicht; überdies haben sie hier ja nicht einmal eine Stadtbahn!"

Man kann wohl nicht leugnen, daß das Innere des Domes magnifik ist, aber da die Kunstgelehrten schreiben, daß der Effekt, den dasselbe auf den Laien ausübt, größer sei, als sein künstlerischer Wert, so verhinderte ich meinen Karl, in Entzücken auszubrechen, indem ich ihm sagte:“Nur keine Bewunderung, sonst hält man dich für einen unverständigen Laien,“ und ihm stets einen Rippenstoß gab, wenn er zu schwärmen anfangen wollte. Durch Effekte läßt sich der gebildete Berliner nicht blenden! Leider aber muß ich bekennen, daß Onkel Fritz und Herr Spannbein über die hohen Gewölbe, die Glasmalereien und was sonst da war, unverhohlen ihre Freude äußerten. Letzterer sank daher als Künstler etwas in meiner Achtung.

Am Abend gingen wir in das Theater della Scala. Ein fabelhaft riesiger Zuschauerraum und eine ebensolche Bühne. – Wir erhielten mit Mühe Sitzplätze im Parterre. Die Logen sind nämlich alle im Abonnement vergeben, und da jeder, der ein bißchen was ist, das Recht hat, seine Loge zu dekorieren wie er will, ist die eine mit gelber, die andere mit blauer oder roter Seide austapeziert, so daß die Ränge ganz bunt aussehen. Man gab eine Oper, von der ich nichts verstand und die mir außerdem dadurch verleidet wurde, daß unsere italienischen Nachbarn während des Gesanges laut sprachen, oder wenn ihnen eine Stelle gefiel, die Melodie mitsummten. Auch in den Logen kümmerten sich die Herrschaften wenig um die Mimik, denn sie saßen meistens mit dem Rücken nach der Bühne gewandt und unterhielten sich. Die Damen fächerten und die Herren raspelten Süßholz, während auf der Bühne Gift getrunken, ermordet und gestorben wurde, als wäre das Umbringen eine Art von Gesellschaftsspiel. Daß das Sterben den Sängern Vergnügen machte, schloß ich aus den lustigen Walzern und Polkamazurkas, unter beten Klängen sie ihren Geist aufgaben. Kam jedoch eine beliebte Arie heran, dann merkte das Publikum auf und wartete, bis irgendein hoher Ton herausgeschmettert wurde. Ging die Sache glatt, dann raste es Beifall und rief“ bis“, wofür wir auf Deutsch Dacapo sagen. Äußerst geschmeichelt wiederholte darauf der Sänger den Singsang. Glitt jedoch beim zweiten Male der Ton nur ein bißchen aus, dann blies das Publikum das Jammerwesen auf der Bühne mit ohrenzerreißendem Gelärm an, daß es wie ein begossener Pudel hinter die Kulissen schlich.

War der Sänger oder die Sängerin – selbst auf Damen wurde keine Rücksicht genommen – gehörig vermöbelt, dann ging die Courmacherei in den Logen wieder von neuem los: die Damen lächelten und fächerten, und die Herren taten scharmant. Großartig waren die Toiletten der Damen, sie hätten direkt auf den Subskriptionsball gehen können; auch die Herren waren im Frack und weißer Binde erschienen . Ich war sehr zufrieden, in meinem Äußeren zu zeigen, daß die Buchholz auch etwas anzuziehen hat. Was würden die Leute sonst wohl von mir gedacht haben?

Als wir zwei Akte Oper intus hatten, kam ein Ballet, und da dasselbe auch im Bädeker gelobt wird, konnte ich mich dem Genusse ohne Gewissensbisse hingeben. Dann kam wieder Oper, und zum Schluß der letzte Akt des Ballets, immer eine Szene bildschöner als die andere. Einmal sah man gar keine Hintergrundsdekoration mehr, sondern unten vom Podium bis in die Soffiten hinein Hunderte von dekolletierten Nymphen. Hier nahm ich meinem Karl das Opernglas weg.

In der Viktor Emanuel-Galerie genossen wir nach dem Theater etwas Stärkendes. Dieselbe ist viel größer als die Berliner Passage, aber ihr fehlt das Panoptikum. Diesen Vorzug hat Berlin, das stolz darauf sein kann, mitten in der Nacht eine Sammlung von ausgestopften Mördern zu besitzen, eine Ruhmeshalle für Verbrecher und solche, die es werden wollen. Es gewährte mir große Genugtuung, in Mailand einen so schlagenden Mangel an Bildung und Belehrung zu finden. –

Unter Herrn Spannbeins Führung besuchten wir am nächsten Morgen die Brera, in der sich die Gemäldesammlung befindet. Die Bilder sind alle echt von alten Meistern, und da Herr Spannbein sagte, daß diese Sammlung nichts gegen die Museen von Rom, Florenz und anderen Städten Italiens sei, geriet ich in große Verwunderung über den Fleiß der früheren Geschlechter. Vielleicht malten die alten auch mit größeren Pinseln und wurden flotter mit einem Bilde fertig als die neueren. – Auf dem Hofe steht eine Bronzestatue von Napoleon. Er hat gar nichts an, nicht einmal den dreieckigen Hut, weshalb man ihn schwer erkennt. – Hierauf begaben wir uns nach dem Kloster, in dem das berühmte Abendmahl von Lionardo da Vinci gezeigt wird; ich halte die ganze Geschichte aber für einen Reinfall, da das Bild total verdorben ist und notwendigerweise aufgemuntert werden muß.

Wenn auch die übrigen Fremden taten, als wenn sie vor Andacht hin werden wollten – ich für meine Person räsonnierte über das Entree. In der Kunstausstellung am Cantiansplatz, die ich stets besuche, kostet das Entree nur fünfzig Pfennige, und wieviel bekommt man da für sein Geld! –"Wenn die alten Meister es nicht besser konnten," sagte ich,"hätten sie lieber das Malen sein lassen sollen." –

Sehr nett machen sich dagegen die Schutzleute auf den Straßen, hier sowohl in Mailand, wie in den übrigen Städten Italiens. Sie heißen Carabinieri, haben einen Dreimaster auf dem Kopf und tragen einen Frack. Letzteren, wie Onkel Fritz meinte, um den vielen Fremden, die Italien einen Besuch machen, von Regierungs wegen die nötige Hochachtung zu bezeugen. Daß sie so viel in ihre Notizbücher schreiben müssen wie unsere Schutzleute, habe ich nicht gesehen, dafür ist Berlin aber auch die Stadt der Intelligenz.

Am Nachmittage machten wir eine Fahrt nach dem Kirchhof, oder wie sie dort sagen Campo santo. Hier erst wurde mir klar, was Menschenhände aus Marmor verfertigen können. Männer, Frauen und Kinder sind dort lebensgroß ausgehauen und stehen als ihr eigenes Denkmal auf den Gräbern, oder die Angehörigen der Verstorbenen haben ihre Bildsäulen zur Visite nach dem Kirchhof geschickt, die nun statt ihrer an der Asche der Geliebten trauern. Namentlich die Witwen geben den Stadtbildhauern zu verdienen. Da sieht man, wie die betrübte Marmorgattin in Spitzenschleier und Atlaskleid nach der neuesten Mode in die halbgeöffnete Tür des Grabgewölbes zu schreiten scheint, in dem ihr Seliger ruht, dessen Bildnis sie milde anlächelt. Und so steht sie spukhaft Tag und Nacht."Ob die wirkliche Witwe wohl vor sich selber erschrickt," dachte ich,"wenn sie den Kirchhof besucht?" –"Ob sie sich wohl ärgert, wenn eine neue Mode aufkommt und ihre Marmorfigur nicht mittun kann? Und wenn sie nun gar einen zweiten Mann nimmt – ob sie ihm dann wohl sagt, wenn auch er in das Gewölbe käme, brauchte sie nicht noch einmal ausgehauen zu werden, die Puppe wäre kummervoll genug für beide?“ – Mancher junge Mann hat nur nötig, auf dem Kirchhofe zu promenieren und die Witwen zu mustern, ob eine vielleicht für ihn paßte, oder die Marmortöchter an dem Grabe ihrer Mutter oder ihres Vaters zu beäugeln, um sich danach einzurichten. Ich muß sagen, der steinerne Jourfix hat mir keine frommen Gefühle erweckt. In der Ecke, wo die Armen liegen, blühten hin und wieder Rosenstöcke auf den niedrigen Hügeln, und ich glaube, die Liebe, welche den Rosenstrauch pflanzte, war oftmals ebenso groß, wie die, welche den Bildhauer in Nahrung setzte. Aber die Armen, welche kein Familienbegräbnis haben, werden getrennt begraben. Die Kinder für sich, auf einer Seite die Männer und auf der anderen die Frauen. Da kann denn nichts passieren.

Mir wurde erst wieder leicht ums Herz, als wir den Prunkgarten des Todes verlassen hatten, er ging mir eben zu sehr gegen den Strich, und noch am Nachmittag, als ich auf der Promenade die schöngekleideten Damen sah, mußte ich mir jede darauf ansehen, wie sie sich in Marmor auf dem Kirchhofe ausnehmen möchte und was sie wohl dazu anziehen würde. Mailand erschien mir mit einem Male trübe und traurig, so sehr es mir anfangs gefiel.

Deshalb stimmte ich für die Abreise, zumal auch die Kinder den Bescheid hatten, den ersten Brief von Berlin nach Genua zu adressieren. Man will doch gerne wissen, wie es zu Hause steht.

Genua

Das Land der Gesänge und der Quetschtenöre – Pflichten einer reisenden Berlinerin – Über Museen und Galerien – Erfreuliche Fortschritte im Umgang mit den Eingeborenen – Warum das Coupé gewechselt werden mußte – Ein Brief an die Kinder – Professor Quenglhuber – Warum Herr Spannbein Polypen aß – Warum die Buchholz fast eine Fee zu sein glaubte – Der heilige Graal – Warum Herr Buchholz Italien für kein Stehseidel hält

Wieder saßen wir gewohnterweise im Coupé. Mein Karl klagte weniger über seinen Rheumatismus als sonst und spürte bereits die Linderung, welche die milde Luft Italiens ihm brachte. Onkel Fritz gab ihm, obgleich es noch früh am Tage und durchaus keine alkoholische Zeit war, die Kognakflasche. Wir genehmigten infolgedessen alle ein Schlückchen. Fritz sagte, sein Freund Felix, der öfters unten gewesen, hätte erklärt, gegen die Malaria gäbe es kein besseres Mittel als Kognak zur rechten Zeit. Da ließen wir denn die Flasche noch einmal kreisen und wurden recht ausgekratzt.

Nur Herr Spannbein blieb einsilbig. –“Hat Ihnen jemand etwas getan?“ fragte ich teilnehmend. Er seufzte:“Ach, wenn Sie wüßten –!“ –“Nanu?“ – “Vielleicht entscheidet sich mein Los bereits in Genua.“ –“Wieso das?“ – “Lassen Sie mich schweigen, es gibt Geheimnisse der Seele, die am besten unausgesprochen bleiben.“ –“Wie Sie wollen, aber wenn Sie ein mitfühlendes Herz gebrauchen: die Buchholzen hat eins.“

Wir unterhielten uns nun über Mailand. Onkel Fritz fragte, ob uns der nächtliche Gesang auf den Straßen auch gestört hätte, worauf ich erwiderte, daß ich nicht zufrieden gewesen sei, denn nach den Büchern, die ich gelesen, hätte ich mindestens an jeder Straßenecke ein komplettes Quartett erwartet. Mein Karl sagte:“Es sang freilich mancher beim Nachhausegehen irgendeine Melodie aus irgendeiner Oper, aber die Sänger hatten ja sämtlich Klöße in der Kehle.“

„Das kommt von den Makkaroni, die sie futtern,“ meinte Onkel Fritz;“so viel Quetschtenöre habe ich noch nie die Straßen unsicher machen hören.“ – Ich verwies ihm diesen Tadel und bemerkte, daß Italien das Land der Gesänge sei und bedauerte die Abwesenheit der jungen Frau Kliebisch, die als frühere Konservatoristin gewiß anderer Meinung sein würde als er, der ja leider Gottes auch Mitglied eines Gesangvereins ist und deswegen nicht zum Heiraten kommt. Es ist lächerlich, wenn die Deutschen sich einbilden, auch singen zu können, denn das haben die Italiener doch kontraktlich. Natürlich gab es Streit, der erst endete, als ich fragte:“Woher kommen denn die melodischen Drehorgeln?“ Da war er geschlagen.

Um sich zu revanchieren, fing er darauf von den großen Koffern an und der Überfracht und schloß:“Dein Dicketun wird dir noch sehr teuer, Wilhelmine,“ worüber ich mich sehr erboste und ihm entgegnete:“Eine Berlinerin läßt sich in Italien nicht für 'ne Schlumpe halten. Ich bin aus einer Familie, die weiß, was sie sich schuldet. Wenn du nichts auf Bildung gibst, so habe ich, deine ältere Schwester, die Pflicht, den Anstand zu wahren, und sei es bloß meiner Kinder und der Nachbarschaft wegen. Die ganze Landsberger Straße hält mich in Ehren, während über dein spätes Nachhausekommen schon die Nachtwächter spektakeln.“

Mein Karl stiftete Frieden, indem er darauf hinwies, daß wir den ganzen Tag zusammen im Coupé zubringen müßten und Zank und Streit die Zeit doppelt so lang machen würde. Hatte ich aber Schuld?

Herr Spannbein schlug vor, in Turin zu bleiben und dort die vortreffliche Gemäldesammlung in Augenschein zu nehmen. Ich erwiderte, daß ich in Mailand vorläufig genug Bilder besehen hätte, und fragte ihn, ob die alten Meister von vornherein für die Museen gearbeitet hätten? – Dies verneinte er und sagte, daß sie für Privatleute, die es bezahlen konnten, malten und für Klöster, Kirchen usw.; die Galerien seien erst in neuerer Zeit in Mode gekommen. –“Gut,“ erwiderte ich,“und nun, da alles mögliche nebeneinander hängt wie im Fünfzigpfennigbazar, habe ich vor dem einzelnen Gemälde keine Andacht. Entweder ist von einer Sorte zuviel an einer Wand, oder das Mannigfaltige drängt sich so durcheinander, daß ich schon halb nach dem zweiten Bilde schiele, ehe ich das erste ordentlich betrachtet habe, um zu wissen, was auf dem anderen los ist!“

„Der Kunstkenner,“ belehrte mich Herr Spannbein,“wählt einige Meisterwerke aus, denen er seine ganze Aufmerksamkeit widmet.“ Ich entgegnete:“Ich für mein Teil will alles sehen, dafür zahle ich mein Entree!“

Onkel Fritz stand mir bei und sagte, er habe vorläufig genug von den Madonnen; eine sähe beinahe ebenso aus wie die andere, und zu Mittag schliefen sie alle oder wären wenigstens dicht vorm Einschlafen. –“Laß die Bilder sein wie sie wollen,“ rief ich,“mein erstes Gefühl ist, ich möchte einmal ordentlich mit dem Seifenlappen darüber!“ –“In den Augen der Kunstbrahminen verleiht die sogenannte Patina des Alters den Bildern erst ihren wahren Wert,“ sagte Herr Spannbein.

„Warum malen denn die modernen Künstler nicht gleich mit Patina?“ fragte ich. –“Das tun auch manche.“ –“Aber die Natur ist doch reinlich und freundlich.“ –“Der Maler muß sein Bild stimmen!“ –“Stimmen?“ rief ich,“und das mit Stiefelwichse? Ich danke.“

Mein Karl, dem dies Gespräch unangenehm schien, sagte:“Wilhelmine, es wird gescheiter sein, du arbeitest dich erst mehr in die Kunst hinein, ehe du urteilst. Ganz ohne Grund wurden die Meister wohl nicht geehrt, als sie lebten, und irgend etwas muß doch an ihren Arbeiten sein, die ihrem Vaterlande noch heute zum Ruhme gereichen. Herr Spannbein ist ein Künstler und in diesen Dingen besser zu Hause als du; daher widersprich nicht und lerne von ihm!“ –“Karl,“ erwiderte ich,“was willst du reden? Du bist wegen deines Rheumatismus hier und nicht wegen der Kunst!“

Onkel Fritz hatte mittlerweile seinen Handkoffer in die Coupégasse gestellt, eine Reisedecke darüber gebreitet und die Karten hervorgeholt. Das Skatgetrommel ging also wieder los. Ich streckte mich so gut ich konnte auf dem Sitz aus, ohne meinen Karl zu molestieren, und versuchte die Augen ein wenig zu wärmen. Es war aber nichts mit dem Schlaf, denn sobald der Zug irgendwo hielt, riefen die Schaffner, die Kofferträger, die Bahnwärter, die Weichensteller, alle miteinander den Namen der Station, bis man ihn begriffen hatte, und wenn der Zug wieder abgehen sollte, schrien sie zehn Minuten vorher ununterbrochen: partenza – partenza-a-a, als wollten sie die Lokomotive wild machen. Dabei kann man nicht schlafen. –

In Messandria verließ ich das Coupé, um mich ein wenig zu vertreten und Apfelsinen zu kaufen, was mit einiget Sprachgewandtheit sehr leicht geht. Man nimmt nämlich eine bis mehrere Apfelsinen und fragt: quanto costa? Darauf sagt der Händler irgend etwas Unverständliches und hält etliche Finger in die Höhe. Dann schüttelt man mit dem Kopf und ein Finger verschwindet. Man schüttelt noch einmal. Noch ein Finger weniger. Man schüttelt noch einmal. Dann schüttelt er, und mehr läßt er dann nicht ab. Hierauf bezahlt man ihm soviel Soldi, als er Finger hoch hielt, und der Handel ist beendet. Ebenso macht man es mit den reizenden, umflochtenen Weinflaschen, die sie feil halten. Quanto costa? – Una lira! Man gibt ihm einen Papierzettel, der Händler schwuppt das Öl ab, das oben auf dem Wein schwimmt, und überreicht einem die Bouteille mit vieler Höflichkeit.

Seine Lira steckt er in die Tasche und sagt, indem er für gewöhnlich sehr weiße Zähne zeigt:“ grazie“, was soviel als“danke“ heißen soll.“Könnte bloß die Bergfeldten sehen,“ dachte ich,“wie ich mich hier im fremden Lande wie auf dem Alexanderplatz bewege, wenn Markt ist, und mit der Sprache umgehe, als wäre ich mit italienischer Milch großgezogen, sie müßte vor Neid Krämpfe kriegen.“ Ich freute mich daher schon auf die verdutzten Gesichter der Herren, wenn ich mit den zum ersten Male selbständig eingekauften Labsalen antreten würde, aber als ich mich mit den Apfelsinen und dem Wein in die Coupétür hineinwürgte, bemerkte ich zu meinem Entsetzen, daß die beiden vorderen Eckplätze von zwei wildfremden Menschen in Beschlag genommen waren.

„Entschuldigen Sie,“ rief ich,“hier ist's besetzt. Dies ist unser Coupé!“

Die Fremden rührten sich nicht."Bitte, dies ist mein Platz," sagte ich zu der Dame, die meinen Winkel okkupierte. Sie grinste und sah mich mit zwei stechenden graublauen Augen an, als wollte sie mich vergiften.

„Mein Herr," wandte ich mich an deren Begleiter,"einen von den Eckplätzen beanspruche ich." Er fletschte mich ebenso an wie sie und machte durchaus keine Anstalt zum Rücken. –"Karl," rief ich,"was sind dies für Leute?" –"Engländer," sagte er,"wir haben schon versucht, sie rauszugraulen, aber sie gehen nicht." –"Warum ließt ihr sie herein?" –"Sie kamen, als wir unsere ganze Aufmerksamkeit einem Nullouvert widmen mußten." –"Das unselige Spiel! Es ist jetzt eure Pflicht, mir meinen Platz wieder zu verschaffen, ich will Aussicht genießen. Ruft den Kondukteur." – Der Kondukteur kam. Ich redete, er redete, mein Karl redete, Herr Spannbein redete, Onkel Fritz redete – nur die Engländer redeten keinen Ton, sondern sahen gelbgrün aus den Augen und rührten sich nicht vom Fleck. Wir wurden sie auch richtig nicht los.

Da fuhr ich nun durch die Gefilde Italiens, aber ganz ohne Zweck. Freilich hatte Herr Spannbein mir seinen Platz an dem anderen Fenster eingeräumt, allein was nützte mir der, da der Lokomotivenqualm gerade nach dieser Seite herüber schlug und die Gegend einnebelte? Und um dem Kartengespiele zuzusehen, war ich doch nicht über die Alpen gefahren.

Niemand kann es mir daher verdenken, wenn ich innerlich etwas erregt war. Mit Wonne hätte ich diese beiden Engländer den wilden Tieren in der Arena vorwerfen können und würde Bravo geschrien haben, wenn der Löwe die Missis bis auf die Gräten abgeknabbert und der Tiger dem Mister die Eisbeine geknickt hätte. O ja, ich war ein wenig erregt und bedauerte nur, daß die Tierkämpfe nicht mehr Mode sind. Die gute alte Zeit hatte doch manches für sich.

Während ich darüber spekulierte, den beiden Eindringlingen einen ordentlichen Tort anzutun, fiel mir ein, daß die Engländerinnen das Rauchen nicht vertragen können, denn es ist einmal eine Lady gewesen, die hat sieben Tage in Ohnmacht gelegen, weil jemand mit der brennenden Zigarre in das Damenzimmer gekommen war. Deshalb animierte ich die Herren zum Rauchen, und wären Zigaretten dagewesen, hätte ich selbst mitgepafft, es hätte passieren können, was da wollte.

Das Räuchern half. Die Missis fing an zu husten, aber da sie an der Windseite saß, mußte das Fenster geschlossen bleiben.“Kinder, ihr dampft ja wie die Backöfen vor Pfingsten,“ scherzte ich.

Es entwickelte sich eine Luft im Coupé, die nicht von schlechten Eltern war. Nun stand der Engländer auf und verbat sich das Rauchen. Aber das Halloh, mit dem wir ihm antworteten! Onkel Fritz, der einigermaßen englisch radebricht, machte ihm seinen Standpunkt gar und sagte: in der ersten Klasse sollten von Rechts wegen nur vier Personen sitzen. Der Engländer behauptete, es dürfte nicht geraucht werden, wenn ein Passagier Einspruch täte. Wir bedeuteten ihm, daß er ja nicht in das Coupé hineingehörte. Ich sagte:“Kinder, raucht, meine Einwilligung habt ihr.“

Auf der nächsten Station wurde der Kondukteur wieder gerufen. Als der bemerkte, daß der Engländer sich über uns beklagte, stand er diesem ruhig bei und untersagte uns das Rauchen. Das paßte meinem Karl nicht. Der Zugführer wurde geholt, und der rief den Bahnhofsinspektor herbei. Das Ende vom Liede war, daß wir in ein anderes Coupé umsteigen mußten – weil das frühere kein Rauchcoupé sei. Kaum waren wir draußen, als der Engländer sich mit Gemütsflegelei eine Zigarre anzündete und ein Gesicht machte, als seien wir überhaupt nicht vorhanden.

„Da sehen wir, was der Engländer im Auslande gilt und wie der Deutsche drunter durch ist,“ rief mein Karl, als wir wieder in der Fahrt waren.“Ich bin überzeugt, daß dieser Engländer irgendein Londoner Schuster oder Schneider ist, der seine Kontinentaltour macht, denn Unverschämtheit ist keine Erziehung. Aber er gehört der großen britischen Station an, und daraufhin erlaubt er sich dummdreist zu sein.“

„Wir waren in unserem Recht, aber wer verhilft dem Deutschen im Auslande zu seinem Recht in solchen Kleinigkeiten? Nur allein der Respekt, und wie soll der Fremde den vor Menschen haben, die ihr eigenes

Vaterland nicht respektieren? So lange wir noch die Affen anderer Nationen sind, so lange wir unser Vaterland nicht so heiß lieben, daß es uns unmöglich wird, dasselbe auf Kosten anderer Länder, sei es aus Liebedienerei oder edler Fremdlandssucht, selbst herabzusetzen, selbst zu schmähen, so lange wird der Deutsche im Auslande vergebens seinen besten Anwalt, seinen kräftigsten Beschützer suchen ... den Respekt, den man ihm als Angehörigen seines Volkes schuldet."

So sprach mein Karl erregt, und wir mußten ihm leider nach dem eben Erlebten beipflichten. Im Grunde war die ganze Sache ja nur eine große Kleinigkeit, aber sie wurmte einen doch und ließ einen vor sich selber ganz infam armselig erscheinen. – Die Engländer blieben sitzen, wir mußten raus. Und was die sind, das sind wir lange. Eigentlich abscheulich! –

Es dämmerte bereits, als wir des Golfes von Genua ansichtig wurden. Er ist doch bedeutend größer als der Müggelsee. Durch Tunnels und über Brücken waren wir mehrfach gekommen und gerade als die Aussicht hübsch wurde, fuhren wir wieder in so ein dunkles langes Loch hinein; dann waren wir auf dem Bahnhof. Die Ingenieure könnten doch im Interesse des reisenden Publikums die Bahnen malerischer anlegen, damit man auch etwas für sein Geld sieht.

Mir fiel, als wir ausgestiegen waren, ganz besonders auf, daß ein junger, halbwegs uniformierter Mann uns auf Schritt und Tritt folgte und nicht aus den Augen ließ. Ich machte Herrn Spannbein darauf aufmerksam, aber der wußte auch nicht, was das zu bedeuten hatte. Als wir jedoch unser Gepäck in Empfang nehmen wollten, trat der junge Uniformmensch auf uns zu und redete höflich, aber sehr bestimmt. –"Was will er, Herr Spannbein?" –"Er fragt, ob Sie unverzollte Zigarren bei sich haben." –"Was geht ihn das an?" –"Er ist ein Steuerbeamter." –"Wir sind längst über die Zollgrenze hinaus." –"Er ist auch mit der Steuerquittung des Grenzamtes zufrieden." –"Die haben wir aufgebraucht," sagte Onkel Fritz. –"Das täte ihm leid, aber die Herrschaften hätten im Coupé Zigarren geraucht, die nicht nach Regie röchen. Das seien der Schaffner, der Zugführer und der Bahnhofsinspektor zu bezeugen bereit." –"Die verflixten Engländer," rief ich. – Nun sollte eine Durchsuchung vor sich gehen. Das war mir zu arg.“Gut,“ sagte ich,“molestieren Sie uns nur; aber morgen schreibe ich einen Brief an Bismarck und der soll –.“ Kaum hatte der Jüngling das Wort Bismarck gehört, als er sehr ehrerbietig wurde und fragte, ob wir tedeschi seien?“ –“ Prussiani,“ sagte Onkel Fritz. Aus“ Berlino,“ fügte ich hinzu. Da redete er einige Worte, machte ein Kompliment und ging von dannen. Wir kletterten in ben Hotelomnibus und fuhren auch fort.

„Siehst du, Karl,“ sagte ich triumphierend,“vor Bismarck haben sie Respekt! Hast du bemerkt, wie er kleinlaut wurde, als ich bloß ben Namen genannt hatte?“ –“Ich wollte, unser Gewissen wäre bei dieser Angelegenheit reiner gewesen,“ murmelte mein Karl.

Ich weiß aber nicht, was größere Sünde ist: italienische Regie-Zigarren zu rauchen oder eine anständige importierte Berliner Havanna durchzuschmuggeln? Dies mögen die Theologen untersuchen, die ja manchmal vom Tabak mehr verstehen sollen als von den alten Schmökern.

Wir fuhren durch schrecklich enge Straßen mit turmhohen Häusern. Auch unser Hotel war eine Art von in die Breite geratenem Turm, denn im dritten Stock lag erst das Parterre, das richtige Handtuch. –

Die Kinder hatten geschrieben. Sie waren wohl und munter. Das Wetter war kalt in Berlin und Neues nicht passiert. Zum Schluß teilten sie mir mit, daß die Bergfeldten bei ihnen gewesen wäre und gesagt hätte, die ganze Nachbarschaft wundere sich darüber, was ich in Italien wollte, dazu wäre ich doch lange nicht gebildet genug. Sie hätten darauf geantwortet, daß die Nachbarschaft sich lieber um sich selbst als um andere Leute kümmern sollte, und fragten an, ob sie grob genug gewesen seien. –

Ich gab meinem Karl den Brief und sagte:“Sobald wir retour kommen, verklage ich die Person; diese alte Neidkatze geht hin und macht mich bei den Kindern schlecht. Das ist Klassenhaß und Rassenverleumdung, das kostet nicht unter Gefängnis!“ –

Mein Karl suchte mich zu besänftigen und bat mich, wenigstens an der Table d'hote gefaßt zu sein. –“Karl, ich will tun, was ich kann, aber bleibst du ruhig, wenn dir jemand in die Suppe spuckt? Erst die Engländer und nun die Bergfeldten! Genua fängt schön an!"

Das Essen hatte alles einen sonderbaren Geschmack, aber ich wußte nicht, ob es an meiner Stimmung oder an den Speisen lag, daß jedes Gericht egal schmeckte? Mein Karl zog auch mit dem Mund, und Onkel Fritz kaute hoch auf."Das ist echt italienische Küche," erklärte Herr Spannbein. –"Wieso?" fragte ich. –"Nun, merken Sie denn nicht, daß alles mit Öl zubereitet ist?" – Jetzt war mir der gleichartige Geschmack der sämtlichen Gerichte klar. Italien wurde immer italienischer, das spürte ich deutlich. –

Hier schalte ich nun den ersten Brief an die Töchter ein, denn ich hatte ihnen versprochen, öfter zu schreiben. Es tat mir nur leid, daß ich in keiner liebevolleren Stimmung war, als ich die Feder ergriff und mich gewissermaßen zu einem milden Stil zwingen mußte.

Genua.

Liebe Kinder!

Es freut mich, daß Ihr Euch wohl befindet, und wenn die Bergfeldten wiederkommt, so grüßt sie von mir und sagt, daß ich mich prachtvoll amüsierte und die Apfelsinen frisch vom Baume pflückte. Wir besuchten gestern nämlich verschiedene Paläste, und in einem derselben – es ist der Palazzo Balbi – sah ich die ersten Apfelsinenbäume im Garten, voller Blüten und voll von reifen Früchten. Nun erst verstehe ich Goethe, liebe

Kinder, wenn er sagt:“Im dunklen Laub die Goldorangen glühn.“ Man muß so etwas sehen, um es zu glauben, und ich kann Euch nur sagen, der Eindruck war ein sehr mächtiger. Bilder und Statuen haben wir ja auch im alten Museum, aber Apfelsinenbäume im Freien und dazu so große, die gibt es nicht bei uns.

Deshalb verachte ich jedoch die Kunst keineswegs. O nein, im Gegenteil, ich lerne sie immer mehr schätzen, namentlich in Genua in den Palästen. Diese Säle, liebe Kinder, diese Möbel, diese Marmorwände, Gobelins und Schnitzwerke, diese Tische mit den kostbarsten Vasen, Silberkannen und Schalen darauf ... das ist großartig! Und dazu nun die Bilder an den Wänden: Porträts der früheren Besitzer der Paläste, von Antonio van Dyk gemalt, so vornehm, daß man kaum laut zu sprechen wagt, Heilige und Unheilige von den berühmtesten Meistern;

Raphael, Tizian, Veronese, alle sind vertreten.

Ihr könnt die Bergfeldten mal fragen, ob sie vielleicht schon etwas von Baffano oder Ribera gehört hätte, und dann sagen, Eure Mutter unterscheide die Bilder dieser beiden Stützen früherer Kunst schon von weitem.

Kniet im Vordergrunde ein recht fetter Knabe mit dem untersten Rücken nach dem Publikum gewandt, dann ist das Bild ein echter Bassano; betrachtet dagegen ein ganz zusammengeschrumpelter alter Mann einen Totenschädel, um zu berechnen, wie viel Schweninger er noch gebrauchen muß, um ebenso mager zu werden, dann ist es ein heiliger Hieronymus von Ribera. Manchmal malte Ribera nur den Kopf und einen Arm von Hieronymus und strich über den Rest des Körpers ein Gewand. Dies tat er aber nur, wenn er schlecht bezahlt wurde, denn dann konnte er den anderen Arm und die Beine nicht für denselben Preis dazu liefern.

So geht einem das Kunstverständnis in Italien sozusagen von selber auf, aber natürlich nur, wenn man empfänglich ist und die erforderliche Bildung hat. Dies zur Steuer der Wahrheit.

Überhaupt ist die Kunstgelehrsamkeit nicht so schwer, wie manche glauben. Wenn man erst die Namen der Meister gelernt hat, begreift sich das übrige leicht, nur muß man genau merken, ob das Bild auf Leinwand oder auf Holz, ob es mit Tempera oder mit Öl gemalt worden ist. Behält einer noch, wie hoch und wie breit es ist, dann gilt er als Autorität und hat nicht nötig, Widerspruch zu dulden.

Nun werdet Ihr fragen, liebe Kinder, wie Eure Mutter so überraschend geschwind in die Geheimnisse der Kunst eingeweiht worden ist? Das kam nämlich so.

Wir besuchten die Paläste, Papa und ich und ein Maler, Herr Spannbein, der sich uns angeschlossen hatte. Onkel Fritz war seiner Wege gegangen, um Geschäftsfreunde aufzusuchen. Als wir im Palazzo Doria waren (Kinder, lest Schillers Fiesko!), trat Herr Spannbein plötzlich auf ein reizendes junges Mädchen zu, das neben einem älteren Herrn mitten in dem großen Saale stand, der die Deckengemälde emsig betrachtete. Das junge Mädchen errötete, und Herr Spannbein errötete auch, mit einem Worte, die beiden kannten sich. Herr Spannbein stellte mich dem älteren Herrn vor. Es war Herr Professor Quenglhuber mit seiner Tochter aus München, ein großer Kunstgelehrter, der nach Italien gereist ist, um ein neues Werk über Deckengemälde herauszugeben. Dieser Professor führte mich in die wahre Kunstgelehrsamkeit ein, indem er mir sagte:"Was die Gemälde darstellen, meine liebe Dame, das ist ganz einerlei, wenn sie nur alt und echt sind.“ Und darin hat er sehr recht, denn wenn einen nur die Kennzeichen der Echtheit angehen, dann erleichtert sich das Kunststudium sehr. Er war auch unermüdlich, mir zu zeigen, woran man diesen oder jenen Meister erkennen könne, z. B. Wouwermann an einem Schimmel, Carlo Dolci an den verblasenen Konturen, Raphael an den Madonnen, Tizian an dem sogenannten goldigen Ton (der jedoch, wie ich glaube, beim Waschen abgeht), Michel Angelo an den Muskeln usw. In ganz derselben Weise erkennt man ja auch unsere modernen Meister, wie z. B. Gussow an den brandgelben Tüchern und dem Schwarzen unter den Nägeln, Makart an dem Fleisch ohne Geist und Gabriel Max an den Geistern ohne Fleisch, Defregger an den weißen Zähnen, Scherres an den nassen Wegen und was es sonst sein mag. Herr

Professor Quenglhuber ward nicht müde, mich über dies alles zu unterrichten. Er ist zu liebenswürdig.

So seht Ihr, liebe Kinder, wie wir hier ein geistiges Dasein führen und wie unser Inneres an dem heiligen Feuer der Kunst erglüht. Haltet Euch bei dem greulichen Berliner Wetter nur gut warm, daß Ihr Euch nicht erkältet. Mit den Frühjahrsgarderoben hat es ja noch Zeit, bis ich zurückkomme. Hier ist der herrlichste Sonnenschein, und Papa befindet sich recht wohl.

Grüßt Krauses, Weigelts, die Polizeileutnant'n und die anderen Bekannten. Auch Onkel Fritz läßt grüßen.

Eure inniggeliebte Mutter.

PS. Fragt doch die Bergfeldten einmal, ob sie wohl wüßte, wo Genua auf dem Globus liegt, und dann zeigt ihr das Briefkuvert mit dem Poststempel.

Unsere nächste Adresse ist: Roma, Albergo del Oriente, via del Tritone 6.

Eure la madre.

Die genuesischen Paläste sind in der Tat wahre Schatzkammern für den Kunstfreund sowohl, wie für die Seelen Gebildeter überhaupt. Die Gemälde hängen dort nicht wie in den Galerien, sondern sind der kostbarste Schmuck der Säle, die durchaus nicht den Eindruck von Kunstmenagerien machen, weshalb man das einzelne auch besser würdigt.

Außen an den Mauern sind zuweilen künstliche Fassaden durch Malerei hergestellt, wodurch viel Architekturarbeit erspart wird, inwendig dagegen machen von gediegenen Säulenhallen umgebene Höfe, prachtvolle Treppenaufgänge, Altane mit blühenden Gesträuchen, Springbrunnen und schwebende Gärten, Statuen und farbige Marmorwände einen wahrhaft fürstlichen Eindruck.

Überhaupt haben die italienischen Paläste es innerlich, hier sowohl in Genua, wie in Rom, Florenz und anderwärts. Nach außen hin sind sie einfach, ernst und gewaltig, mehr Wände als Fenster. Bei uns haben die Mietspalazzis mehr Fenster als Wände und den ganzen Zierrat nach der Straße hinausgekehrt. Inwendig findet man kaum eine vernünftige Spiegelwand und für ein Sofa, auf dem ein Mensch sich lang hinlegen kann, selten Platz. Statt der sonnigen Höfe herrscht das dunkle Berliner Zimmer, und die Vestibüle oder Fluren sind schon von vier Hüten und drei Paletots voll.

Hoch baut man in Genua, weil die Stadt sich an einem Felsberg hinanzieht, und die meisten Häuser sind daher lang wie Handtücher, aber von der Höhe betrachtet gewähren ihre Schieferdächer einen so angenehmen Anblick, daß Onkel Fritz meinte, Genua müßte ein ausgezeichneter Platz für Nachtwandler sein.

Nur einige Straßen haben hinreichende Breite für einen Wagen, die anderen sind schon mehr Schluchten, in die von oben ein Streifen

Himmel hineinschaut. Der Geruch ist dagegen in den breiten wie in den engen Straßen derselbe, nur staut er sich in den letzteren besser und wirkt daher kräftiger. Wie die Speisen im Hotel schmeckten, so riechen die Straßen nach angebranntem Öl. Eine Waffelbude auf dem Jahrmarkt bei uns dunstet nicht fettiger und ölbrenzlicher als ganz Genua. Es kann aber auch nicht anders sein, denn überall vor den Butiken siedet der Ölkessel, worin sie Fische, Mehlkuchen und allerlei Zeug backen. Das gräßlichste aber sind die Polypen. So ein ekelhaftes Tier mit seinen langen Fangarmen, auf denen die Saugnäpfe wie die Schröpfköpfe sitzen, ist gar nicht tot zu kriegen, so viel es auch gehauen und an die Wand geworfen wird: es liegt so lange in den letzten Zügen, bis es in das heiße Öl kommt. Da wird es dann ruhig. Vor den kleineren Speisehäusern stehen Schüsseln mit zerschnittenen Polypen. Wer Hunger hat, sucht sich ein Stück davon aus; der Wirt wendet es dann in Mehlbrei um und wirft es in den Ölkessel, und wenn es gar ist, fischt man es mit einem Stocke oder einer Kelle wieder heraus.

Auch Schnecken braten sie auf gitterartigen Metallrosten in ihrem eigenen Gehäuse über Kohlen und verzehren sie, indem sie das Tier mit einem Holzstäbchen aus der Schale polken. Mir ward Ach und Weh bei dem bloßen Anblick, aber den Leuten schienen diese Schauerdelikatessen zu munden. Da sind wir doch in der Aufklärung weiter, denn solches Zeug essen wir nicht.

Der Professor, der mich ganz in sein Herz geschlossen hatte und dessen Weisheit mich geradezu in Erstaunen setzte, was ich ihm sehr oft zugestehen mußte, führte uns in eine Garküche in der Nähe des Hafens, um uns das Volksleben zu zeigen. Es kommt mir aber vor, als wenn das Volksleben mehr für Herren ist als für Damen, und daß es sich in den Kneipen weniger gut studieren läßt als in den Wohnhäusern. Wenn jemand das Berliner Volksleben aus den Destillationen und Weißbierstuben kennen lernen wollte, der würde ja zu ganz falschen Ansichten gelangen, obgleich ich nicht bestreite, daß man an schönen Sommersonntagnachmittagen in der Hasenhaide wohl sehen kann, wie sich das Berliner Volk amüsiert und fröhlich mit Kind und Kegel seinen freien Tag zubringt. Oder man geht nach der Bierallee vorm Schönhauser Tor, oder nach dem Friedrichshain, oder nach den Zelten, oder nach Treptow, oder nach Pichelswerder, oder nach dem Spandauer Bock usw. Überall die Tausende von Menschen und jeder ist vergnügt und trinkt sein Bier oder seinen Kaffee und hat einen ordentlichen Happenpappen zu prepeln. Wenn man auch nicht immer weiß, was in der Wurst ist ... soviel steht sicher fest, Polyp ist nicht darin.

Der Professor war jedoch einer von denen, die für alles schwärmen, was sie im Auslande sehen, und sagte uns, wir müßten den Polipo kosten, denn es gäbe nichts Vorzüglicheres, als dies von kundiger Hand in trefflichem Öl bereitete Seetier. Ich dankte, aber mein Karl ließ sich breitschlagen und Herr Spannbein aß dem Professor zuliebe mit Todesverachtung. Mein Karl behielt die Sache wider mein Erwarten bei sich und als ich ihn fragte:"Wie ist es?" da antwortete er:"Zadder!"

Mich amüsierte Herr Spannbein, welcher ganz in die Professorentochter weg war. Die beiden paßten meiner Meinung nach auch sehr brillant zueinander. Er hat ja freilich ein bißchen fahriges Wesen und die langen Künstlerhaare könnten gerne kürzer gehalten werben, aber er ist doch ein schmucker Mann. Sie hat wundervolle blaue Augen und ist sanftmütig und doch entschieden, wie junge Mädchen zuweilen werben, die einen verdrießlichen Vater haben, dem sie das Leben angenehm zu machen suchen, weil sie ihn lieben. Der Professor konnte nämlich manchmal recht kratzbürstig sein, namentlich wenn man nicht ganz seiner Ansicht war.

Ich hatte nun auch bald Herrn Spannbeins Geheimnis heraus. Er liebt die Professorstochter und sie ihn, aber da der Vater für die alten Meister schwärmt und die neuere Malerei verachtet, während Herr Spannbein von den Alten nicht sehr hochachtungsvoll denkt und mit Leib und Seele der modernen Richtung anhängt, so ist auf eine Einwilligung des Professors nicht zu rechnen. Und das weiß er: gegen den Willen ihres Vaters würde Ottilie – so heißt seine Angebetete – niemals handeln.

Ich hatte wirkliches Mitleid mit dem armen Menschen, als er mir sein Leid klagte und dadurch das Recht einräumte, ihn zu bemuttern.“Zunächst“, sagte ich,“sind Sie und Ottilie sich gut, das ist die Hauptsache.“

„Aber der Vater,“ klagte er.

„Den gewinnen Sie leicht. Wie häufig kommt es doch vor, daß Leute umsatteln. Geben Sie die neue Richtung auf und bekehren Sie sich zu der alten. Malerei bleibt ja am Ende Malerei!“ –

„Nie werde ich meiner Kunst untreu!“

„Sollen Sie auch nicht. Sie können so viel reine Leinwand mit Farbe verderben, wie Sie mögen, und Heilige und Götter zusammenschmurgeln, wie dem Professor beliebt. Wenn Sie aber Ihren Eigensinn Kunst nennen, wird aus Ihnen und Ottilie nie ein Paar. Bedenken Sie das wohl!“

Da ging er betrübt von dannen, aber das ist ja stets der Fall, wenn man vernünftig mit Leuten redet.“Ratet mir gut, aber ratet mir nicht ab,“ hatte die Braut gesagt. –

Onkel Fritz verkehrte viel mit seinen Geschäftsfreunden, denn es lag ihm daran, Verbindungen aller Art anzuknüpfen und Geschäfte herüber und hinüber zu machen, die durch die neue Gotthardbahn wesentlich erleichtert werden. In Italien gibt es Produkte, die wir gebrauchen, und in Deutschland haben wir Erzeugnisse, die den Italienern fehlen, und wenn sie das auf beiden Seiten nur erst ordentlich einsehen, wird es an Handel und Wandel nicht mangeln. Dies hatte Onkel Fritz sich wohl überlegt.

Wir waren deshalb auf die Sprachkenntnisse Spannbeins angewiesen, und da dieser stets hinter Ottilien herzog, die ihrem Vater zur Seite bleiben mußte, wurde uns die Kunst zuletzt über. Es war auch peinlich zu sehen, wenn dem Professor, der stark schnupfte, beim Betrachten der Deckengemälde der Tabak von der Nase in den Hals rutschte und Ottilie und Herr Spannbein ihm den Rücken klopfen mußten, damit er nicht vor ihren sichtlichen Augen erstickte. Deshalb nahmen wir uns eines schönen Morgens ein Wägelchen und kutschierten noch Pegli, wo unser Kronprinz mit seiner Familie wohnt, wenn er Italien besucht, was man ihm auch nicht verdenken kann. Beschreiben läßt sich die Natur nicht, aber man kommt sich dort so vor, als wenn man ein köstliches Gedicht läse, worin die Palmen tauschen, Wasser plätschern, das Meer sich ausdehnt, Burgen von den Felsen drohen, Rosen und Hyazinthen blühen und duften und man dennoch selbst lebendig in dem Gedicht spazieren ginge. Und dabei das himmelblaueste Vergißmeinnichtwetter von der Welt!

Wir fuhren auch in einem kleinen Boot auf den Wasseranlagen des Parkes und glitten unter einem dichten Gebüsch aus lauter blühenden Kamelien durch. Es war märchenhaft, und wenn ich nicht etwas untersetzt wäre, hätte ich mich fast für eine Fee gehalten. Die Feen sind jedoch einigermaßen schlanker in der Taille. Nur im Viktoriatheater haben sie guten Schick, weil das Publikum beim Ballet mehr auf die Form als auf die Graziösität gibt. –

Der Ruhetag in der freien Natur tat uns gut. Weil das Merkwürdigkeitenbesehen dösig macht, rate ich jedem, sich von Zeit zu Zeit längere Pausen zu gönnen, in denen er wieder klar im Kopfe wird, denn es ist ein bös Stück Arbeit, in einigen Wochen alles zu beurteilen, was Jahrhunderte geschaffen haben. Und welcher Kunst- und Gewerbefleiß wurde damals entwickelt, ohne daß sie Gas oder Petroleum für die Abende hatten. Geradezu erstaunlich!

Onkel Fritz hatte noch einen Tag zu tun. Diesen benutzten wir am Morgen für die Kirchenbesichtigung. In St. Lorenzo bewahren sie den heiligen Gral, aber da wir nicht mit einem Erlaubnisschein aufwarten konnten, wurde er uns nicht gezeigt. Früher soll der heilige Gral viele Wunder getan haben, allein seitdem die Gelehrten entdeckten, daß er nicht ein Gefäß aus Smaragd, sondern nur eine Schüssel aus Glas ist, hat er seine Kraft verloren. Aber so geht es mit jeder Sympathie, man muß daran glauben, sonst hilft sie nicht.

Am Nachmittag besuchten wir den berühmten Campo santo. Er gleicht dem von Mailand, nur ist er großartiger und noch mehr Marmorfiguren sind dort ausgestellt. Als wir zurückfuhren, begegneten uns gegen zehn Wagen, und in jeden Wagen waren vier Personen gepackt, dicke und dünne, alte und junge, Männer und Frauen. Das war eine

Gesellschaftsreise, die herdenweise herumgeführt wurde. Die Kutscher lachten und hieben auf die Pferde ein, und wie die wilde Jagd im Freischütz raste die Droschkenkarawane an uns vorüber.“Karl,“ sagte ich,“die Bedauernswerten kommen ja gar nicht zur Ruhe. Hättest du Lust, so durch Italien gehetzt zu werden?“ –“Nein,“ erwiderte et,“als Stehseidel möchte ich das Land nicht genießen! Dazu ist es zu schön!“

Auf dem Rückwege zur Stadt gewahrte ich etwas, das mich ganz untröstlich machte. Schon oft hatte ich unterwegs überall da, wo ein bißchen fließendes Wasser zum Vorschein kommt, große steinerne Tröge bemerkt, deren Zweck mir verborgen war, über den ich hier jedoch aufgeklärt wurde. In diesen Trögen waschen die Weiber das Zeug. Aber wie?! Sie reiben es mit Seife ein, tauchen es in das kalte Wasser und legen es auf den breiten Rand des Troges, worauf sie es mit einem handlichen Stein so lange aus Leibeskräften durchwalken, bis es genug hat. Dann spülen sie es und hängen es an Stangen aus den Fenstern zum Trocknen in die Sonne. Das mag für Künstler ein malerischer Anblick sein – man sieht die weißen Fetzen ja fast auf jedem italienischen Bilde –, aber einer sorgsamen Hausfrau schneidet eine solche Behandlung der Wäsche tief ins Herz. Und ich hatte meinem Karl zur Reise funkelnagelneue Hemden mit extrafeinen Einsätzen machen lassen, damit er recht gentil aussehen sollte.“Du Grundgütiger,“ dachte ich,“wie werden die zugerichtet sein, wenn wir wieder nach Hause kommen?“ Es war auch richtig so, zwei hatten Einschnitte wie von einem Messer. Wie kann man aber auch gute Wäsche mit Steinen bearbeiten, das muß ja Löcher geben. Und diesen Schmerz mußte ich für mich allein tragen, denn was verstehen Männer vom Leinenschrank?

Mit dem nächsten Frühzug verließen wir Genua, aber ohne Herrn Spannbein. Er brachte uns bis an die Bahn und nahm sich der Koffer an. Die Überfracht kränkte mich wieder sehr, aber ich ließ Onkel Fritz nichts merken, um ihm nicht Recht zu geben.“Auf Wiedersehen,“ sagte Herr Spannbein. –“Und wie ist es mit den alten Meistern?“ fragte ich. –“Ich habe es übernommen, Deckengemälde für Quenglhubers Buch abzuzeichnen," antwortete er kummervoll. –"Grüßen Sie Ottilie!" rief ich ihm scheidend zu.

An der Riviera di Levante

Feiertägliches – Warum der Mensch kein Bohrwurm ist – Eine außerordentliche Begegnung – Warum Frau Buchholz sich vor dem Teufel fürchtet – Das Gespenst – Warum es große und kleine Uhren gibt – Warum ein Trauerspiel nicht zu Ende gespielt wird – Wie Onkel Fritz sich amüsierte – Warum Frau Buchholz weiß, wieviel Einwohner Civita vecchia hat – Warum die Reisenden bald um den Anblick von Rom gekommen wären

Es war Sonntag. Zu unserer Rechten lag das Meer, und wo sich die Vorgebirge der Bahn in den Weg stellten, war ein Tunnel hindurchgearbeitet. An den Felsen wuchsen Agaven, und in den Gärten hingen die Zitronen- und Apfelsinenbäume voller Früchte; darunter standen die Saubohnen in Blüte, die Feigen trieben bereits ihre großen Blätter und aus Lorbeerbüschen waren die Lauben gebildet. Auch die Schoten hatten schon angesetzt: es war eine stille Pracht. Onkel Fritz meinte, mit den jungen Gemüsen ließe sich ein gutes Geschäft nach Berlin machen, obgleich sie lange nicht so zart und kräftig von Geschmack sind wie die unsrigen, weil sie zu rasch in der Hitze reif werden, aber da in Berlin alles nur so weggegessen wird, interessierte uns doppelt, was da grünte und blühte, zumal auch mein Karl ein Hamburger Huhn mit Schoten für eine weise Einrichtung der Statur hält. Wenn wir durch einen Tunnel gesaust waren, zeigte sich uns stets eine entzückende Aussicht, und sobald der Zug bei einem Orte hielt, hörten wir die Brandung des Meeres und das Geläute der Kirchenglocken. So feiertägig war es, so sonnig und so wundersam friedlich, daß ich gar nicht reden mochte, und wenn der Zug nicht gerasselt und gelärmt hätte ... ich würde geglaubt haben, es sänge mir jemand ein Wiegenlied vor und alles, was das Auge sah, wäre nur ein Spiel der Phantasie. Ich hielt die Hand meines Karl gefaßt und war unaussprechlich glücklich. – Schließlich wurden mir aber der Tunnels zu viele, und ich rief entrüstet:“Der Mensch ist doch kein Bohrwurm!“ – An der Riviera di Levante möchte ich einmal einige Wochen zur Sommerlust wohnen, aber dort, wo die auf Altenteil gesetzte Landstraße durch die Ortschaften führt, nicht in den Erdlöchern, durch welche die Lokomotive schnauft.

Später sahen wir den Golf von Spezzia, den Kriegshafen von Italien, mit seinen Schiffen. Daß der Mensch unter sich doch nie Frieden halten kann! Erst baut man Wohnsitze, Städte mit Palästen und Kirchen, und dann schießt man sie in Grus und Mus. Was soll das? Wer hat gut davon? Der Gewinner, sagen sie. Jawohl, der bekommt auch blaue Augen.

Da liegen nun die Kriegsschiffe auf dem sonnenschimmernden Gewässer, und bis an das Ufer erstrecken sich die fruchtbaren Ländereien, ein herrlicher Garten, soweit das Auge reicht. An den Abhängen die grauen Olivenhaine, in den Senkungen Feld- und Gartenfrüchte, und dazwischen die Häuser, in denen fleißige Leute wohnen. Man sagt immer, die Italiener seien faul. Ich möchte wissen, ob die Äcker sich dort von selbst bestellen, die Weinreben sich selbst anbinden, die Bäume sich selbst pflanzen und der Blumenkohl vom Himmel herunterfällt? Nein, dazu gehört Arbeit. Genügt der Kampf mit der Natur nicht, daß die Menschen sich außerdem noch selbst vernichten müssen und das, was sie mit Sorge ins Dasein riefen? Mir paßten die Kriegsschiffe durchaus nicht in die Sonntagsmorgenlandschaft hinein.

Später kamen die Marmorberge von Carara in Sicht. Man glaubt, sie wären mit Schnee bedeckt, aber sie sind so weiß von dem Geröll. Auf dem Bahnhof von Avenza sahen wir große Marmorblöcke liegen, die aus den Brüchen von Carara dorthin geschafft waren, und bei einem riesengroßen Block sah ich einen Herrn stehen, der ihn genau betrachtete.“Das ist ja Professor Schaper aus Berlin,“ rief ich,“den muß ich anreden!“ –“Irrst du dich auch nicht, Wilhelmine?“ fragte mein Karl. –“Nein, ich erkenne ihn wieder, ich sah den Kuß des Genius auf seiner Stirn, als sein herrliches Goethedenkmal im Tiergarten enthüllt wurde.“

Ich aus dem Coupé und ihm meinen Namen genannt. Er sehr leutselig, gar nicht vornehmtuerig wie sonst berühmte Leute, mit einem Worte, durchaus menschlich.“Herr Professor wollen wohl wieder einen Goethe anfertigen oder sonst etwas Großartiges?“ fragte ich und deutete auf den Block. –“Nein,“ antwortete et eingehend,“der Marmor ist für die Viktoria in der Ruhmeshalle bestimmt.“ –“Wie ist es nur möglich,“ fragte ich weiter,“daß Herr Professor überhaupt so beseelte Wesen aus dem formlosen Gestein bilden können.“ –“O,“ erwiderte er lächelnd,“in den Blöcken sind die Figuren drin, man muß sie nur heraushauen.“ –“Sehen der Herr Professor denn den Blöcken von außen an, was in ihnen steckt?“ fragte ich erstaunt, worauf er sagte, das wäre eben die Kunst. –

Man gab das erste Zeichen zur Abfahrt, und so waren mir leider nur noch wenige Minuten zur Unterredung mit dem Professor vergönnt. Es ist doch zu interessant, einem berühmten Künstler, sozusagen, auf den Pfaden des Schaffens entgegenzutreten. Welch Aufsehen erregenden Artikel könnte eine geübte Feder aus diesem Zusammentreffen für die Gartenlaube zurechtzimmern!

Mein Karl fand es aufdringlich, daß ich den Professor Schaper gestellt hatte.“Warum nicht gar,“ entgegnete ich,“Sie haben mir sogar erlaubt, von der Unterredung Gebrauch zu machen.“ –“Wieso das?“ –“Nun, als ich bemerkte, daß es mir sehr erfreulich sein würde, Sie in meinem Buche mit einigen empfehlenden Worten anzuführen, sagten der Herr Professor wörtlich: ›Dagegen kann ich ja nichts machen‹.“ –“Das war eine Ablehnung, Wilhelmine!“ –“Karl, nimm es mir nicht Übel, aber in dem Jargon der Gebildeten bist du nicht so zu Hause wie ich. Feiner konnten Sie ihre Zustimmung gar nicht ausdrücken.“ – Mein Karl zuckte mit den Achseln, und Onkel Fritz reichte ihm die Kognakflasche, ich aber prägte mir genau jedes Wort ein, das ich vernommen. Das ist man bedeutenden Männern, die man ausfragt, schuldig. –

So kamen wir noch Pisa. Die Stadt ist nur still, aber gefällig. Wir restaurierten uns und machten uns bann nach dem berühmten Dom auf. Ehe wir jedoch dorthin kamen, drängte sich uns ein Haufen von Führern auf. Onkel Fritz sagte, daß wir keinen gebrauchten, da er nach dem

Bädeker sich leicht zurechtfinden könnte, weil wir nur nötig hätten, der Nase nachzugehen, und als die Leute gar nicht weichen wollten, redete er sie ganz flott italienisch an, worüber ich sehr erstaunte.“Du sprichst italienisch?“ fragte ich. –“Natürlich, wer mit Italienern handeln will, muß doch ihre Sprache verstehen.“ –“Und damit kommst du jetzt erst zum Vorschein?“ –“Ich wartete, bis mir die Sprache im Ohre lag,“ antwortete er,“und nun versuche ich nicht bloß nach meinen Vorstudien, sondern nach dem Gehör zu sprechen, denn das ist die Hauptsache. Würden unsere Sprachenprofessoren nach dem Ohr und nicht ausschließlich nach der Grammatik lernen und lehren, so hätten weder sie, noch ihre Schüler nötig, sich im Sprechen fremder Sprachen von Hausknechten und Kellnern beschämen zu lassen.“

„Du konntest kalt zusehen, wie mein Karl sich mit dem Lernen abquälte, das ist schändlich!“ –“Er wird seine Kenntnisse verwerten können, wenn ich nicht bei euch bin und Herr Spannbein notgedrungen der Ottilie die Cour macht. Außerdem hatte er nichts Besseres zu tun.“ –

Wir waren mittlerweile auf dem Domplatz angekommen, der an dem Ende der Stadt wie ein großer Präsentierteller liegt, auf dem der Dom, die Taufkapelle, der Campo santo und der schiefe Turm stehen, als wären sie zum Wegnehmen hingestellt, obgleich sie dafür allerdings zu groß sind. Vor dem Portal des Domes trieben sich viele arme Leute herum, die uns in allen möglichen Jammertönen anbettelten. In Genua und Verona war das Betteln nicht so schwunghaft in Betrieb wie hier, und bald hatte mein Karl keine Kupfermünze mehr. Als sie sahen, daß es nichts mehr gab, ließen sie uns in Ruhe. Auch wußte Onkel Fritz sie zu entfernen, indem er mit dem Zeigefinger eine Bewegung machte, die sie verstehen und die so viel heißt als: Hier wird nichts gegeben. Die hatte er von einem Freunde in Berlin gelernt, der sich in Italien auskennt. Ich glaube, es war der Baumeister Ihne.

Die Gebäude sind außerordentlich, aber ihre Schönheit ist mir durch höchst unangenehme Erlebnisse verbittert worden. Weil im Dom gerade Messe gelesen wurde und wir nicht stören wollten, besichtigten wir erst den Campo santo, der einen viereckigen Hof inmitten einer Halle bildet und mit Schiffsladungen voll Erde von Jerusalem angefüllt wurde, weil man früher glaubte, es ruhte sich seliger darin, wogegen die Wissenschaft nachgewiesen hat, daß dies nicht der Fall sei. Die Wände der Halle sind mit Fresken bemalt, die das jüngste Gericht und die Hölle darstellen. Wie die Teufel die armen Seelen in die schweflige Pein schleudern und sie martern, das ist förmlich schrecklich. Nur den frommen Einsiedlern tun sie nichts, zu denen kommen die Engel und führen sie in den Himmel, und das fiel mir schwer aufs Gewissen, weil mein Karl und ich keineswegs Einsiedler sind und mit dem Fasten und Kasteien nie etwas im Sinn gehabt haben. Mir wurde daher sehr beklommen zumute, als ich daran dachte, daß so ein bockbeiniger Teufel mich dereinst in den brennenden Pechkessel werfen und ein anderer gar meine Seele von Mann auf eine Ofengabel spießen könnte. Denn wenn die Gelehrten auch sagen, daß es keine Hölle gibt: man weiß doch nicht, wie es wird, und den Teufel lasse ich mir nicht abstreiten. Ohne Fehl ist ja kein Mensch, und manchmal hätte ich auch liebevoller gegen meinen Karl sein können, weshalb ich mich strafbar sündig zwischen den Gräbern und dunklen Zypressen fühlte und niederträchtig vor dem Tode und den Teufeln graulte. Die hatten sie hier richtig an die Wand gemalt.

„So," sagte ich, als wir wieder draußen waren,"nun besuche ich keinen Kirchhof mehr, denn ich bin nicht nach Italien gereist, um mich bange machen zu lassen. Das gilt nicht!"

Da im Dom immer noch gesungen wurde, kam nun der schiefe Turm zur Besichtigung heran. Onkel Fritz schlug vor, ihn zu besteigen."Die Umfallsache?" rief ich entsetzt."Das Ding kann ja jeden Augenblick stürzen. Karl, du bleibst unten!" Was helfen aber alle Bitten, wenn Männer sich eine Tollheit in den Kopf gesetzt haben, sonst würden sie doch nicht wetten, zwanzig Pfeffermünz zu trinken, oder im Trab nach Charlottenburg zu laufen und zwei Tage darauf eine Leiche zu sein. Geradeso war es hier, denn mein Karl wollte natürlich auf den Turm hinauf. Weil jedoch drei Personen zusammen sein müssen, damit zwei den einen oben halten, wenn ihn Gelüste zum Herunterspringen überkommen, glaubte ich die Besteigung des Turmes durch meine

Weigerung inhibieren zu können, aber ich hatte nicht auf das Gesindel gerechnet, denn irgendeiner von den Bettlern wagt sein Leben für ein paar Kupfermünzen und geht mit, wenn der dritte Mann fehlt.

Mein Karl ging wirklich, und ich blieb zurück.“Wenn der Turm nun fällt, wenn Karl oben ist?“ schoß es mich durch,“umkippen muß er, dazu hängt er zu sehr über, denn wie mancher Neubau klappert zusammen, wenn er eben fertig geworden ist, während dieser Turm wer weiß wie lange steht und sich schon allein von Alters wegen nicht mehr halten kann! Was fange ich mit den unglücklichen Kindern an, wenn er ihren Vater und Ernährer unter seinen Trümmern begräbt und ich allein in der Welt bleibe, als herumgestoßene Witwe?“ Je länger ich den Turm ansah, um so schiefer kam er mir vor und um so größer wurde meine Angst. Ich schloß die Augen, um nicht schwindlig zu werden, und flehte in meiner Herzensbangigkeit:“Herr Gott im hohen Himmel, nur so lange lasse den Turm noch stehen, bis mein Engels-Karl wieder drunten ist; ich will ja auch gerne der Bergfeldten alle Kränkungen verzeihen, obgleich sie immer anfängt, und ihr nie wieder Böses wünschen. Nachher geschehe, was sich nicht ändern läßt. – Bewahre uns vor jähem Tod, Gewitter, Feuer, Wassersnot, vor Hunger, Pestilenz und Krieg, und nimm der Hölle ihren Sieg. Amen!“

Da rührte mich plötzlich jemand an, und ich sah mich um. Keinem Menschen will ich den Schreck gönnen, den ich nun kriegte, als ich ein entsetzliches Gespenst vor mir erblickte. Nach unten war es anzusehen wie ein Mönch, aber nach oben glich es nichts Menschlichem, ebensowenig wie eine große spitze Nachtmütze menschlich ausschaut, in die zwei runde Löcher für die Augen hineingeschnitten wurden und die sich irgendwer über den Kopf zieht. Mit einem lauten Angstschrei floh ich davon, denn ich glaubte nicht anders, als der leibhaftige Satan wollte mich nun holen und mit den andern armen Seelen auf dem Campo santo in Pech und Schwefel einkochen. Wo sollte ich mich jedoch auf dem freien Domplatz verbergen? Nirgends ein Busch oder Baum. Mir blieb nichts übrig, als der schiefe Turm. Ich voran, das Gespenst hinter mir her, immer um den runden Turm herum. Fällt er, so fällt er, dann bekommt das Gespenst auch sein Teil ab.

Wie lange die Hetzjagd dauerte, weiß ich nicht mehr, aber soviel erinnere ich mich noch, daß die Füße ihren Dienst versagten und mir selbst zum Hilferufen die Puste ausging, da ich etwas untersetzlich veranlagt und auf Wettlaufen durchaus nicht eingerichtet bin. Es war mir auch ganz gleich, ob das Gespenst mich griffe, oder ob ich naturgemäß erstickte, denn weiter konnte ich nicht mehr.

Das Gespenst kam langsam näher, als es bemerkte, daß ich luftschnappend stehen blieb, zumal es in seinem langen Kittel nicht recht vorwärtskommen konnte. "Bleiben Sie mir vom Leibe," schrie ich, "oder ich kratze!" Es rückte aber trotzdem heran, und als es in meiner unmittelbaren Nähe angelangt war, hielt es mir eine Art von Sammelbüchse hin. –"Nanu!" rief ich, "seit wann wird denn Geld für die Hölle gesammelt, das geschieht sonst doch nur für den Himmel?" Aber das Gespenst verstand mich nicht. Hieraus ersah ich denn, daß es kein Geist war, und gab ihm ein Fünfzigpfennigstück, das sich noch von Berlin her in meinem Portemonnaie aufhielt. Da machte der Gespensterfritze eine dankende Bewegung und ging ohne ein Wort zu sagen in den Dom ab. – So etwas Unheimliches hatte ich noch nie erlebt. Man liest wohl mal in Romanen von Vermummten, ohne sich die geringste Sorge darüber zu machen, und sieht welche auf dem Theater, wo sie in Trauerspielen ja recht erheiternd wirken, sobald sie in einen alten Domino eingewickelt herauskommen und tun, als sollten sie kleine Kinder zu Bett jagen, aber wenn einem am hellen lichten Tage so eine lebendige Mumie antippt, hinter einem herrennt und obendrein noch Geld absammelt, davon kann man ja den Tod in beide Beine kriegen.

Als mein Karl sich wieder auf geradem Erdboden befand, umarmte ich ihn mit einer Heftigkeit, die ihn ebenso bestürzt machte, wie der Tränenerguß, dem ich nun nicht mehr zu wehren vermochte, und da er aus meinen abgebrochenen Schilderungen des Vorgegangenen wohl nicht nach Wunsch klug ward, fand er für mein Benehmen keine zufriedenstellende Erklärung. Mich tröstete jedoch der Umstand, daß ich ihn unzerschmettert in meinen Armen hielt, und so hatte ich mich denn auch bald ausgeweint. Als ich mich nun noch weigerte, in den Dom einzutreten, weil ich sagte, daß er voll Gespenster sei, die Leute am hellen Tage angraulten, machte mein Karl ein Gesicht, als wenn er die Verhältnisse hinter meiner Hirnschale für sehr ungeordnet hielt, aber als ich ihn aufforderte, sich selbst zu überzeugen, ging er kopfschüttelnd mit Onkel Fritz in den Dom hinein.

Als sie zurückkehrten, konnte Onkel Fritz mir auseinandersetzen, was es mit dem Gespenst auf sich hatte.“Es war ein Mitglied der Brüderschaft Misericordia!“ sagte er,“der sowohl Reiche wie Arme angehören, die ohne Ansehen der Person verpflichtet sind, Elenden zu helfen, Kranke zu unterstützen und Tote zu begraben. Da kommt es vor, daß ein Herzog den Sarg eines Bettelweibes tragen hilft, der junge Elegant dem sterbenden Greise Erquickung reicht, der reiche Kaufmann mit der Fackel vor der Bahre voranleuchtet, auf der ein armes Wesen zum Friedhof gebracht wird, das im Kampfe mit der Entbehrung unterlag. Damit diese Werke der Barmherzigkeit nicht von falscher Scham behindert werden und niemand mit seinen guten Taten prahlen kann, hüllen die Brüder der Misericordia sich in lange Mönchsgewänder und bedecken das Haupt mit der Kapuze.“

„Wenn es ein Graf oder ein Herzog war, der mich vorhin angeisterte, so will ich ihm diesmal verzeihen,“ entgegnete ich,“aber so viel sage ich, für Berlin würde die Misericordia nichts sein, dort kämen die Straßenjungen hinter den Kapuzenmännern her.“ –“Sie hätten auch mit dem Sammeln kein Glück,“ fügte mein Karl hinzu,“denn große Summen geben viele Leute nur, wenn ihnen dafür öffentlich in den Zeitungen quittiert wird. Es könnte ja auch kein Mensch einen Orden für seine Wohltätigkeit bekommen, wenn er sie in vermummtem Zustande betreiben müßte.“ – “Ich möchte wissen,“ schaltete Onkel Fritz ein,“wieviel Damen sich wohl auf die Mildtätigkeit verlegen würden, wenn sie ein so unkleidsames Kostüm dazu anziehen müßten? Und wie mancher glaubt, durch Wohltun seinen Ruf desinfizieren zu können, wenn er hin und wieder ein paar hundert Mark für milde Stiftungen mit hörbarem Geräusch auf den

Tisch des deutschen Reiches wirft." –"Viele meinen, laute Wohltätigkeit sei eine Hypothek auf den Himmel, die aber schon auf Erden Zinsen tragen muß," sagte mein Karl, und unter solchen anmutigen, gegenseitig belehrenden Gesprächen wanderten wir durch die stillen Straßen Pisas, während Onkel Fritz ab und zu den Bädeker befragte und uns auf die Sehenswürdigkeiten aufmerksam machte.

Den Bronzekronleuchter im Dom, an dem Galilei die Pendeluhren erfunden hat, sah ich leider nicht, weil ich mich vor dem Gespenst fürchtete.

Onkel Fritz beschrieb mir ihn und sagte, der große Leuchter schaukelte ganz langsam Wigel-Wagel-Wigel-Wagel hin und her, wogegen die kleinen Lampen, die an jenem hängen, ganz munter Dickel-Dackel-Dickel-Dackel machten. Als Galilei dies während einer Predigt wahrgenommen habe, die viel zu lange dauerte, sei ihm klar geworden, daß man Uhren erfinden müsse, und zwar große Wigel-Wagel-Uhren für die Kirchen, damit die Reden das rechte Maß bekämen, und kleine Dickel-Dackel-Uhren für den Hausgebrauch, damit die Klöße nicht zu lange kochten.

Galilei war eben sehr für den Fortschritt und das Volkswohl, weswegen die Reaktion ihn verfolgte und zwang, die Umdrehung der Erde abzuschwören. Als er den Eid gesprochen hatte, sagte er: Meine Herren, es nützt Ihnen nichts ... sie dreht sich doch! – Darauf die Wut von den Pfaffen. Na, ich danke. Jetzt weiß ja jedes Kind, daß alles in der Welt Umdrehung und ewiges Naturgesetz ist, und auch der Ärmere hat eine Uhr, die er zur Notzeit versetzen kann. Dies alles verdanken wir Galilei, dem Pisaner.

Man muß jedoch die Größe eines solchen Mannes ganz und voll begreifen, um die Stätte zu würdigen, an der er lebte und waltete; ich will keine Persönlichkeiten nennen, aber ich bin fest überzeugt, daß es Leute gibt, welche von Galilei keine blasse Ahnung haben, und würde deshalb in der Gegenwart der Bergfeldten nicht einen Ton davon reden.

Auch den Palast betrachteten wir, in dem Lord Byron gewohnt hat, dessen“Manfred“ wir einmal im Opernhause sahen. Ich weiß nicht mehr, ob Manfred etwas vergessen hat oder vergessen will, genug, das Stück ist eine Gedächtnissache und zum Schluß kommen Vermummte und fahren mit ihm ab. Woher Lord Byron die Vermummten hat, das ist mir klar, seitdem ich weiß, daß sie in Pisa wild umherlaufen.

Von dem Hungerturm ist nur noch der historische Boden übrig. Mit seinen fünf Kindern wurde der Graf Ugolino von dem Erzbischof Ruggieri in den Turm gesperrt, ohne einen Bissen Brot, ohne einen Trunk Wasser, als Lektüre nur eine alte Speisekarte. Anfangs glaubte der Graf, sein erzbischöflicher Feind scherze bloß, aber als immer noch kein Kellner kam und die Kinder sich vor Hunger gegenseitig angingen, da sah er, daß es Ernst war. Dem Erzbischof hat nachher der Teufel das Genick abgedreht. Onkel Fritz erzählte, daß man ein schönes Trauerspiel“Ugolino“ hat, wo durch fünf Akte alle Qualen des Hungertodes geschildert werden, aber das Stück wird niemals zu Ende gespielt, denn wenn auch der jüngste Sohn zu sterben anfängt und jammert, daß ihm der Magen schon ganz hinten im Rücken säße, dann werden die Zuschauer auf der Galerie vom Mitgefühl derart bewegt, daß sie dem armen Bengel Wurst und Stullen zuwerfen, um ihn zu retten, worauf das Stück aus ist. Überhaupt sehen die Menschen lieber Lustspiele als Trauerspiele, weil die meisten zum Lieben, die wenigsten zum Totschlagen geboren sind.

Ich kann nicht sagen, daß Ugolino mich fidel stimmte, und war daher für einen Abstecher nach Livorno, den wir obendrein mit dem Rundreisebillet bezahlt hatten. Onkel Fritz sagte, sein Freund, der Hamburger Doktor, hätte ihn in Berlin vor Livorno gewarnt. –“Ich vermöchte kein Auge in dieser Gespensterstadt zu schließen,“ entgegnete ich,“wir könnten am anderen Morgen ebensogut von Livorno wie von Pisa nach Rom fahren.“ Das Ende vom Liebe war, daß ich und mein Karl gingen und Onkel Fritz mit den Koffern in Pisa blieb.

Diese Tour war, wie ich zur Warnung anderer gern gestehen will, ein Reinfall. Die Gegend ist nicht der Rede wert, und Sehenswürdigkeiten sollen auch bei Tage nicht in Livorno sein. Wir kamen im Dunklen am Abend an und reisten im Dunklen am Morgen wieder von bannen und hatten von Livorno nichts als Öl- und Fischgeruch, Ärger und Verdruß.

Als wir ankamen, nahmen wir eine Droschke nach dem Hotel und machten mit dem Kutscher oder, wie er dort genannt wird, mit dem Vetturino, obgleich der Name im Beschummeln ganz egal ist, genau ab, daß er zwei Lire für die Tour bekommen solle. Überall in ganz Italien fährt der Vetturino für den vorher bedungenen Fuhrlohn und ist artig und höflich und dankbar obendrein, wenn man ihm extra ein Trinkgeld leistet. Nur in Livorno erfuhren wir, daß es anders sein kann, denn als wir im Hotel ankamen, verlangte dieser Vetter vier Lire für die Fahrt. Wir beriefen uns auf die Abmachung, die der Kutscher auch nicht leugnete, aber da er sagte, er hätte zwei Lire für die Person gemeint und da der Oberkellner und der Portier ihm beistanden, mußten wir zahlen. Es ist nicht der zwei Franken wegen, weshalb ich diesen Fall mitteile, sondern wegen des Ärgers, den man über offenbaren Betrug und freche Lüge empfindet. Das Hotel, dessen Bedienstete mit dem Vetturino im Komplott gegen die Gäste waren, heißt“ Grande Bretagne“. Sollte jemand das Unglück nach Livorno führen, so sei er vor dieser Fremdenbude gewarnt.

Ich hatte eine miserable Nacht, da mir das Gespenst noch in den Gliedern lag und der Ärger die Galle in das Blut getrieben hatte. Und wie bildschön hatte mein Karl mit dem Vetturino italienisch geredet, und wie hatte ich ihn nachher angelappt; aber was nützten die Malicen, da der Mensch kein Deutsch und gar nichts verstand? – Mein Karl sagte, ich hätte im Traum zuweilen laut aufgeschrien und ihn dadurch aus dem Schlafe gescheucht, aber konnte ich süß wie ein Kind in der Wiege schlummern, da mir träumte, das Gespenst fahre mich in einer Droschke an die Höllenpforte, wo der Oberkellner und der Portier mich anpackten und in den brennenden Pfuhl werfen wollten? Es war gräßlich.

Um halb Vier mußten wir heraus, den Kaffee in Elle schlürfen, auf den Bahnhof fahren, dort in dem stinkigen Wartesaal herumstehen, da es in den meisten italienischen Wartesälen an genügender Sitzgelegenheit fehlt, und schließlich mit einem Bummelzug, den jede Pferdebahn zum Erröten zwingt, nach Pisa zoddeln. Hier mußten wir in den Zug steigen, der von Genua gekommen und voll von Engländern war, die stets mit diesem Zuge nach Rom fahren.

Onkel Fritz erwartete uns.“Nur rasch,“ rief er,“sonst werden wir getrennt; die Koffer sind schon spediert. Dalli! Dalli!“ – Ich erblickte ein leeres Coupé und hinein wie der Blitz, mein Karl und Onkel Fritz hinterdrein. Kaum saßen wir, so stürzten noch einige Leute in dasselbe Coupé. Es waren Engländer. Nun war meine Freude groß.“Wäret ihr rechtzeitig auf dem Bahnhof gewesen, hätten wir für ein Trinkgeld ein hübsches Coupé bekommen,“ sagte Onkel Fritz.“Hoffentlich hat Livorno euch so gut gefallen, daß ihr eine englische Zugabe willig mit in den Kauf nehmt.“ –“Fritz, spotte nicht, du hattest recht, Livorno ist mies. Ich will wünschen, daß du es besser hattest.“ –“Ich habe mich vorzüglich amüsiert,“ antwortete er,“denn in einem der glänzenden Cafés am Lung-Arno lernte ich sehr liebenswürdige Pisaner kennen, die, wie stets die Italiener, sich gegen den Fremden charmant benahmen, der seiner Freude über Land und Leute Ausdruck gab.“ –“Fritz, waren auch Damen dabei?“ –“Auch Damen.“ –“Hübsche?“ –“Sehr hübsche.“ –“Worüber sprachst du mit den Damen?“ –“Über das Glück, unverheiratet zu sein.“ –“Dies finde ich anmaßend.“ –“Ich bitte dich, verschone mich mit deiner Weisheit, mitunter wirkt sie erdrückend.“

Mein Karl schlief, und ich war auch müde wie ein Murmeltier, das, statt zu schlafen, den Winter über sein Geld mit Reifenspringen verdienen mußte, aber konnte ich mich wegen der Engländer ausstrecken? O nein, das eine Skelett machte sogar Anstalt, sich so lang wie möglich hinzulegen. Was er in Gegenwart einer Engländerin nicht gewagt hätte, das versuchte er nun in Gegenwart einer deutschen Gattin, aber ich sah ihn mit Geisterblicken an und sagte:“Gleich setzen Sie sich manierlich hin oder Sie erleben etwas.“ Da zog er seine Knochen an sich und buddelte sich in die ihm zukömmliche Ecke, wie wir anderen Menschen auch. – Hierauf nahmen wir unter uns einen kleinen Triumphschluck.

Onkel Fritz hatte sich im Bädeker belernt, daß die Gegend, durch welche wir an diesem Morgen fahren würden, nicht berühmt sei und ich deshalb mit dem Augenwärmen keinen landschaftlichen Fensterausblick von Wichtigkeit versäumte. Dagegen ist diese Strecke wegen des Sommerfiebers übel berüchtigt. Im Winter und Frühjahre befinden sich die Bewohner der Ortschaften ebenso gesund und munter wie die in den Sumpfgegenden weidenden Viehherden, sobald jedoch die Tage heißer werden, entwickelt sich die Malaria in den Niederungen, und die Menschen können sich nur dadurch vor dem Fieber retten, daß sie ins Gebirge flüchten und die Dörfer und Gehöfte so lange verlassen, bis die Luft im Herbste wieder rein geworden ist. Obgleich man uns sagte, daß jetzt noch keine Malaria vorhanden sei, nahmen wir doch öfter als sonst ein Schlückchen, weil die Fieberpilze von dem gestärkten Organismus leichter abprallen als von dem schwachen. Man gießt ja auch guten Rum oder Kognak auf eingemachte Früchte, um sie zu konservieren und vor Schimmel zu bewahren, auf dem die neuesten Krankheiten beruhen, welche, wie ich gelesen habe, nichts anderes sind als innere Verschimmelung. Deshalb gibt es heutigentages so viele junge Leute ohne Murr und Purr: ... sie sind vor der Zeit verstockt und verspackt.

Ich hatte Onkel Fritz den Auftrag gegeben, mich bei Civita vecchia zu ermuntern, da mir diese Stadt von den Kinderjahren her unvergeßlich geblieben ist. Ich bekam ihrethalber nämlich in der Geographiestunde einen Katzenkopf vom Lehrer, weil ich nicht wußte, wieviel Einwohner sie hat. Damals war ich sehr unglücklich, denn mir dummem Dinge war es ganz gleichgültig, wieviel tausend Menschen in dieser oder jener Stadt lebten, nach der ich doch nie hinkommen würde, aber später sah ich wohl ein, daß die Einwohnerzahl der Städte die Seele der Geographie ist. Unmöglich kann jemand in seiner Jugend Anspruch auf Gelernthaben machen, wenn er nicht auf den Tippel weiß, wieviel Einwohner z. B. Aberdeen hat, Philippopel oder Pampelona. Später vergißt man die Zahlen allerdings so ziemlich wieder, zumal die Bevölkerung auch ab- und zunimmt, aber man hat sie doch einmal ganz genau gewußt. Und Wissen ist Macht!

Nun betrachtete ich mir wohlwollend die Stadt am Meere mit den Festungstürmen am Hafen und den blühenden Wiesen, die sich bis an die Mauern erstrecken, und sagte zu ihr:"Siehste, Civita-vecchiachen, wegen deiner hat es einmal eine gesetzt, aber darum keine Feindschaft nicht. Damals hattest du zehntausendsiebenhundertvierunddreißig Einwohner; so etwas behält sich." Sonderbar ist, daß sie den Namen der Stadt in Italien falsch aussprechen. Die Italiener sagen nämlich: Tschiwita weckja, während sie doch richtig Zivita wekkia heißt, wie wir früher in bei Schule lernten. Die Sachsen sagen ja auch Berne und Dräsen, wo der Gebildete Pirna und Dresden spricht. Das sind eben Nationalsprachfehler. –

In zwei Stunden sollten wir mit dem Schnellzuge in Rom anlangen. Mit meiner Drusselei war es deshalb vorbei, denn ich freute mich auf ben Anblick der ewigen Stadt, wie die Dichter sie nennen, wie ein Kind auf Weihnachten. Rom! Was hat sich nicht alles in Rom getan? Wo nur immer Weltgeschichte gemacht wurde, war Rom dabei. Rom ist der echte, rechte historische Boden. Und den sollte ich betreten, ich die Buchholzen, geborene Fabian aus der Landsberger Straße. Es war kaum glaubhaft ideal!

Alle Augenblicke sah ich hinaus, ob Rom sich noch nicht zeigte, aber statt dessen gewahrte ich nur eine Gegend, die sozusagen einen kränklichen Eindruck auf mich machte. Es fehlen dem Lande Italien, durch das wir kamen, die Wälder unseres Deutschland, die Kraft und der Saft unserer Buchen und Eichen. In ganz alten Zeiten soll Italien auch schön an Wald und Forst gewesen sein, als man noch glaubte, daß Götter in den Wäldern verborgen lebten, und jeder Baum eben so heilig gehalten wurde wie ein Schilderhaus in der Wilhelmstraße, obgleich kein Soldat darin wohnte, sondern bloß eine Nymphe, die mit ihrem Baume zugleich sterben mußte. Später, nachdem sie einsahen, daß es sowohl mit den Göttern, wie mit den Nymphen nur schwach bestellt sei, schlugen die Italiener die Bäume ohne Gewissensbisse nieder, ohne für neue Anpflanzungen zu sorgen, und da verzog sich allmählich der Segen, den Hain und Wald bisher spendeten. Da kam das Wasser und schwemmte die Äcker fort, da kam die Sonne und verdorrte das Kraut, da kam das Fieber und breitete sich über den Erdboden aus.

Die fröhlichen Ortschaften verschwanden, die Landhäuser der reichen Römer zerfielen in Trümmer, und die Tempel der Götter stürzten ein. Das war die Strafe der Unfrömmigkeit und der Happigkeit. Man muß mit dem Holz hübsch sparen, es ist zu kostspielig.

Weil sie dort nun keine ordentlichen Wälder haben, in denen das gute Kluftholz wächst, suchen die Italiener auf alle mögliche Weise ihr bißchen Brennholz und Reisig für Zäune, oder für die Erbsen, oder zum Zudecken der Zitronen gegen die Nachtfröste zu erlangen. Da ist ihnen kein Baum zu hoch, sie klettern hinauf und schneiden die Zweige ab, bis nur der Wipfel wie ein Wedel oben dran sitzen bleibt, weshalb man wenig unverschimpfierte Bäume sieht. Den Zypressen tut man nichts, da sie nur dünnes Gezweige haben und meistens auf Kirchhöfen stehen und respektiert werden, an den Obstbäumen läßt man nur die tragenden Äste stehen, damit sie alle Kraft auf die Frucht verwenden können, und ebenso machen sie es mit den Maulbeer- und Olivenbäumen. Die anderen Bäume haben es dagegen schlecht, und die berühmten italienischen Pinien würden ganz anders aussehen, wenn man sie nicht so vermesserte. Allmählich hat man sich aber daran gewöhnt, diese Krüppel für schön zu halten. Ich habe in Neapel Pinien gesehen, die nicht verstümmelt werden durften, die sich von den üblichen Pinien unterschieden wie der ungeschorene Seidenspitz vom geschorenen. – Arm Italiener hat kein Holz, weil seine Vorfahren es ihm vor seiner Geburt weggeschlagen haben, und da nimmt er es nun, wo er es kriegen kann.

Selbst die Myrtengebüsche säbelt er ab und heizt den Backofen damit. So hat jedes Land seine Sitten; wir binden Brautkränze aus Myrten. Dafür gibt es bei uns um so reichlicher Torf.

Dann eröffnete sich die Aussicht auf eine weite Gegend, die in der Feme vom Gebirge begrenzt wird. Dies ist das Albaner- und Sabinergebirge, und das weite ausgebreitete, etwas hügelige Land ist die Campagna. Hätten wir die bei Berlin! Zu Manövern gibt es nichts Ebenmäßigeres. Und nun tauchten Kuppeln und Türme auf. Das muß Rom sein! In demselben Moment stellten sich die beiden Engländer so vor das Coupéfenster, daß die Aussicht total verdeckt wurde. Gerade jetzt, wo ich die ewige Roma begrüßen wollte, schoben sich zwei englische Rückansichten zwischen mich und die heilige Stadt! Aber die karierten Jünglinge kannten weder die Buchholzen noch die Geschicklichkeit ihrer Ellbogen.“Nur nicht drängeln!“ rief ich,“andere Leute haben auch bezahlt!“ und indem ich die beiden aus ihre Sitze drückte, richtete ich es so ein, daß wir alle aus dem einen Fenster sehen konnten, ohne daß einer dem anderen im Wege stand.

Da liegt Rom mit seinen Kirchen, Palästen, Villen und Gärten, Hütten und Trümmern! Unter den alten Wasserleitungen fahren wir hindurch, über den Tiberfluß, vorbei an Klöstern, vorbei an Weinbergen. Immer mehr Kuppeln werden sichtbar, als wenn der Gendarmenmarkt und das Schloß mit dem großen Einmaleins multipliziert worden wären. Eine Pyramide zeigt sich; ganz im Hintergrund ragt eine mächtige Kuppel über alle Gebäude und Türme hinweg ... das ist Sankt Peter. Die Lokomotive pfeift, der Zug stopft und hält in der Halle. Wir sind wirklich in Rom!

In der Siebenhügelstadt

Warum die Engländerinnen unterwegs trauern – Ein Gruß an Schwaben – Warum Frau Buchholz nicht mit Mommsen übereinstimmt – Warum Liebhabertheater gefährlich sind – Warum Nero nichts taugte – Der neue Berliner Viehhof – Warum der Apostel Petrus schlechte Aussicht hatte – Warum der Vetturino doch kein Stiefel war – Lina Morgenstern – Warum Herr Buchholz für eine Memnonsäule angesehen wurde und Frau Buchholz zu dichten anfing – Wie Hadrians Asche fliegen lernte – St. Peter – Warum Onkel Fritz Nasenbluten heuchelte – Musikalisches – Skat

Wir waren jedoch nicht die einzigen, sondern halb England war ebenfalls in Rom. Bemerkenswert ist, daß die meisten Engländerinnen tiefste Trauer anlegen, wenn sie Italien besuchen und selbst weder am Halse noch an der Hand etwas Weißes tragen. Onkel Fritz meinte, sie täten dies aus Reinlichkeit, weil man den Schmutz auf Schwarz lange nicht so leicht sähe wie auf Weiß, ich war aber mit meinem Karl der Ansicht, daß wir für unsere Person auf proppere Wäsche halten wollten und wenn die Waschtanten auch noch so viele Steine darauf entzweischlügen. Wir wollten keine Trauer simulieren, um Waschlohn zu sparen.

Den Hotelomnibus benutzten wir nicht, sondern fuhren mit einer netten Droschke in Rom hinein, um unsere Stimmung nicht durch irgendein Pappgesicht stören zu lassen. Gleich dem Bahnhofsgebäude gegenüber liegen schon Ruinen vom alten Rom, die Bäder des Diokletian, aus deren Bibliothekzimmer eine Kirche zurechtgemacht worden ist, in die unser Berliner Dom bequem hineingeht, wie mir schien, als wir später diese Kirche besuchten, in der Salvator Rosa ruht, dessen Grab die graugekleideten Karthäusermönche zeigen. Der alte Mönch, der uns führte, war ein Deutscher aus Schwaben; er bat uns, die Heimat zu grüßen, die er wohl nie wieder sehen würde. Diesen Gruß bestelle ich hiermit. –

Dann kamen wir an der Aqua felice vorbei, einer der vielen Wasserkünste, die es in Rom gibt, an der ersten Fontana, die der Fremde sieht, und dann kam die Pferdebahn, und die Straße, in die wir einbogen, war ebenso modern, wie der Tramway. Es liegt nämlich in Rom alles bunt durcheinander: Uraltes, Altes, Mittelaltes, Neues und Neuestes, selbst sein Geheimratviertel hat es, aber dasselbe ist nicht halb so prächtig wie Berlin W. Dagegen sollen die Mieten billiger sein.

Als wir vor dem Orienthotel hielten, trat der Portier an den Wagen und sagte auf Deutsch, daß kein Platz für uns vorhanden sei und es überhaupt schwer sein würde, Zimmer zu finden, da alles von Fremden besetzt wäre, namentlich von Engländern, die in der Osterwoche samt und sonders nach Rom strömten. Er empfahl uns ein anderes Hotel, wo wir auch

Wohnung erhielten, und zwar prachtvolle Zimmer zu prachtvollen Preisen, weil um Ostern in Rom alles dreifach teurer ist als sonst.“Karl,“ sagte ich,“für einen Tag können wir einmal Barons spielen, denn wir sind in Rom. Morgen reisen wir jedoch nach Neapel und kehren erst zurück, wenn die Fremden sich hier verlaufen haben und die Hotels billiget geworden sind.“ – Nachdem auch Onkel Fritz sich mit diesem Plan einverstanden erklärt hatte, machten mein Karl und ich uns derartig fein, daß, als wir zum Frühstück hinuntergingen, die Kellner vor uns flogen wie vor wirklichen Grafen und uns mit Exzellenza anredeten. Ich tat aber auch so vornehm und doch wieder so herablassend, daß mein Karl mich mehrmals ganz erstaunt anschaute und Onkel Fritz sich über die Kellner halbtot lachen wollte. Ich verwies ihm dies plebejische Benehmen mit Ruhe und Würde, aber das fruchtete nichts, im Gegenteil, er sagte:“Wilhelmine, wenn du dich selber sehen könntest, du würdest wünschen, dich so ausgestopft mit nach Hause zu nehmen.“ Kaum hatte er das gesagt, als der uns bedienende Kellner prustend aus dem Zimmer rannte, der, wie sich nachher herausstellte, ein Deutscher war und alles verstanden hatte. Es fehlt Onkel Fritz mitunter am Streben nach Höherem; aber wer kann sich seine jüngeren Brüder aussuchen?

Draußen schien die Sonne wie Gold, und wir beschlossen nun, Rom anzusehen. Der deutsche Kellner besorgte einen höchst eleganten Wagen und sagte dem Kutscher Bescheid. Wir stiegen ein und gondelten durch die Hauptstadt Italiens.

Mein Karl sah in dem nagelneuen weißen Anzuge außerordentlich nobel aus, und ich paßte mit dem hellen Sommerkleide, schwarzem Spitzenüberwurf und den pensee'nen Handschuhen vorzüglich zu ihm, wogegen Onkel Fritz in seinem graugrünen Reiseanzuge, mit einem blaubaumwollenen Regenschirm bewaffnet, einen schmählich touristenhaften Eindruck machte. Die Leute standen öfters auf der Straße still und sahen uns mit Bewunderung an, so daß ich mich über Onkel Fritzens Toilettenverhältnisse recht ärgerte.

Der Zorn dauerte aber nicht lange an, denn überall gab es zu sehen und zu staunen. Diese Gold- und Juwelenläden am Corso, diese großen

Photographien, diese Karossen, diese Menschheit, das alles ist ja enorm. Und nun fährt der Kutscher langsamer und sagt:" il campidoglio", wobei er auf ziemlich hoch liegende Gebäude deutet. Das ist das Capitol, welches in alten Zeiten einmal durch Gänse gerettet wurde, woraus die Forscher mit Sicherheit festgestellt haben, daß die alten Römer Gänseklein auch schon gekannt haben; ob aber ebenso wie wir mit Petersilie, das wird hoffentlich noch ermittelt. Dann sagt er:" il foro" und zeigt auf Trümmer von Tempeln und Gebäuden, die der Gebildete das Forum nennt. Dann halten wir vor dem Colosseum, in das wir hineingehen.

Die Arena von Verona ist schon ein ziemlicher Kasten, aber wo bleibt sie gegen das Colosseum? Es war das größte Theater der Welt, in dem 87 000 Zuschauer Platz hatten, die durch achtzig Eingänge zu den vier Stockwerken gelangen konnten. Jetzt steht nur noch der dritte Teil des Riesenbaues, wie ich mir habe sagen lassen, aus den anderen beiden Dritteilen haben die edlen Römer im Mittelalter und so herum Paläste und Kirchen gebaut, denn bequemer konnten sie fertige Quadern nicht bekommen als vom Colosseum. Auch den Kalk zum Mauern wußten sie sich leicht zu verschaffen, indem sie die Marmorbekleidung der Wände abbrachen und die Statuen, welche sie fanden, brannten und mit Wasser zu Löschkalk anrührten. Drei solcher Kalkgruben sind auf dem Forum gefunden worden, wo die meisten Antiken standen, die sich so leicht zertöpfern ließen und den besten Mörtel lieferten, weil sie aus dem feinsten Marmor und am kunstreichsten gearbeitet waren.

Die erste Premiere im Colosseum dauerte hundert Tage, wobei fünftausend wilde Tiere getötet wurden. Man sieht noch die Käfige für die Bestien, die Leitungen für das Wasser, wenn Seegefechte gegeben wurden, und einen Kellerbau für die Maschinerien, Garderobe, Ankleideräume, Wartezimmer der Gladiatoren und Sklaven, die gefressen werden sollten, der geradezu unbegreiflich erscheint. Wie das wohl herrlich gewesen ist, als die Geschäfte noch gut gingen! Fünftausend wilde Tiere! Wo bleibt da Bodinus? –

An der Stelle des Colosseums war zur Zeit Neros ein künstlicher See und dieser lag in den Gärten, die jener verschwenderisch um sein goldenes Haus hatte anlegen lassen. Weil er hierzu nicht genug Platz fand, expropriierte er einen Teil von Rom mittels Brandstiftung. Das war für ihn das Rascheste und Billigste, weil damals kein Privatmann an seinem Grundstück verdienen konnte, das gerade da lag, wohin die neue Straße kommen sollte.

Ich habe mich mit Nero viel beschäftigt, denn er ist ein Charakter und würde sich zu einem Roman auf historischem Boden sehr gut eignen, wenn er für die Feder einer Frau nicht zu rüdig wäre. Deshalb muß ich die Arbeit Ebers, Eckstein oder Dahn überlassen, so gerne ich den Verdienst auch mitnähme.

Meine Ansichten über Nero weichen von denen anderer, z. B. Mommsen, sehr ab, denn eine Frau hat in manchen Dingen ein umsichtigeres Urteil als die Männer, denen der Sinn für das Häusliche abgeht, sobald sie Weltgeschichte treiben.

Nero taugte nicht viel, das unterliegt wohl keinem Zweifel. Schon allein das fortwährende Komödienspielen halte ich nicht für gut, denn Liebhaberbühnen geben oft Veranlassung zu Vorkommnissen, von denen man froh sein kann, wenn zuletzt noch eine halbwegs annehmbare Partie daraus wird. Gewöhnlich hat er viel Talent und kein Vermögen und spielt die ersten Rollen, und sie hat Geld und kein Talent und spielt erst recht die ersten Partien. Nun ist das stets zusammen auf den Brettern, das sieht sich an, das faßt sich an, das umarmt sich, das küßt sich und sagt obendrein, so stände es in der Rolle. Ich aber sage:"Auf den Liebhaberbühnen ist schon manche und mancher gründlichst verdorben worden, und wer weiß, ob nicht auch das ewige Theaterspielen einen schädlichen Einfluß auf den Charakter Neros ausgeübt hat?"

Und wie war Neros Frau? müssen wir weiter fragen, wenn wir in dem Buche der Vergangenheit blättern, denn es ist ja weltbekannt, daß eine böse Frau den besten Mann verderben kann, während eine gute Frau einen schlimmen Mann gar leicht auf den Pfad der Tugend bringt. Neros erste Frau, die Octavia, soll für die damalige Zeit ganz brav gewesen sein, aber ihr Fehler war der: – sie wußte Nero nicht zu nehmen. Die Folge davon war, daß Nero einen gräßlichen Lebenswandel führte, manchmal weder bei Tag noch bei Nacht zu Hause kam und eine gewisse Poppäa Sabina kennen lernte, die er auch heiratete, nachdem er Octavia hatte hinrichten lassen. Diese Sabina war nun gerade die allerverkehrteste Partie für jemand wie Nero. Schon ihre Toiletten allein konnten ihn ruinieren! Den Maultieren, die sie führten, ließ sie goldene Schuhe unterbinden und täglich wurde ihr die Milch von fünfhundert Eselinnen gebracht, um darin zu baden. Und das nur des Teints wegen. Mit einer solchen Frau mußte Nero ja auf Abwege geraten, denn wenn eine sich schon in Milch badet, ... was will sie hernach zum Kaffee trinken? Vielleicht aufgelöste Perlen wie die Kleopatra, der zuletzt nichts übrig blieb, als Schlangen an ihrem Busen zu nähren, wie man häufig auf den Bildern der alten Meister sieht?

Mit einem Worte, Nero war haarsträubend, aber wer nur einigermaßen mit dem menschlichen Leben Bescheid weiß, kann nicht leugnen, daß die beiden Weiber Schuld an der schlechten Nummer sind, die ihm die Weltgeschichte in sein Zensurenbuch schreibt.

Sieht man nun aus“Uarda“ oder“Der Kaiser“ oder den anderen herrlichen Wiederbelebungen des Altertums, daß damals nicht ein Haar breit anders gedacht und gesprochen wurde, als wie heut in der Landsberger Straße, nur daß sie z. B. statt Molkenmarkt ... Forum, statt Leipzig ... Memphis und statt Zeitung ... Papyros sagten, so muß man meine Auffassung Neros für richtig halten, denn ich wohne in der Landsberger Straße.

Trotzdem glaube ich, daß an Nero Hopfen und Malz verloren ist, da selbst Rubinstein ihn mit seiner Oper nicht vor einem dauerhaften Durchfall retten konnte.

Es ist nicht zu schildern, welche Empfindungen das menschliche Gemüt überschleichen, wenn es endlich auf dem historischen Boden steht, über den es vorher seine gründlichen Studien in faßlich geschriebenen, belehrenden und bildenden, gemeinverständlichen, populären, die Damenwelt besonders berücksichtigenden Büchern gemacht hat. Das eben ist das Großartige unserer Zeit, daß man jede Kunst und Wissenschaft, ähnlich wie kalten Aufschnitt, bekommen kann, à Portion eine Mark. Nur die Rechenbücher haben sie bis jetzt nicht allgemein faßlich zurechtkriegen können, weshalb die vier Spezies immer noch nach der alten Methode mit viel Mühe, Kopfzerbrechen und Anstrengung erlernt werden müssen. Daher die Überbürdung der Jugend!

Mein Karl war auch ganz hingerissen von dem Kolosseum; ein über das andere Mal rief er aus:“Was ist der neue städtische Viehhof hiergegen?“ – Kann der Berliner einer fremden Stadt wohl größeres Lob spenden, als wenn er ihre Vorzüge und etwaigen Überlegenheiten so offen und willig anerkennt? Trotzdem sagt man ihm nach, daß vor seinen Residenzaugen außerhalb kein Nichts und kein Garnichts Gnade fände. Nun ... die Verleumdung ist ja groß.

Nachdem wir Trinkgelder gegeben und etliche Bettler befriedigt hatten, fuhren wir weiter nach Sankt Peter in Montorio auf dem sogenannten Janiculusberg, wo der Apostel Petrus zu Tode gemartert wurde. Von hier hatte er zuletzt noch die kostbarste Aussicht über Rom und die Campagna bis auf das Albaner- und Sabinergebirge, aber da die römischen Schergen den alten Mann mit den Beinen nach oben festnagelten, wird er wohl wenig Genuß von dem Panorama gehabt haben, weil ihm doch sicherlich das Blut zu Kopf stieg.

Der Blick auf Rom ist überwältigend, ist es doch die einstige Beherrscherin der Welt, die ihre von der Zeit tief durchfurchte Schönheit vor uns ausbreitet. Überall ragen Trümmer und Ruinen hervor, Bogen von Wasserleitungen, Säulen und Pfeiler, Tempel und Reste von Palästen, das Colosseum, das Pantheon und in der Ferne das Grabmal Hadrians, die Engelsburg. Das ist das alte Rom, das von dem Rom des Mittelalters nicht verdrängt werden konnte, weil es immer noch zu massig ist.

Diesem gehören die Paläste und die Kirchen mit ihren Kuppeln und Türmen an – vierhundert Kirchen und Kapellen zählt man – sie sind die größte Herrlichkeit, welche die Stadt noch besitzt. – Das neueste Rom dagegen ist neu, weiter läßt sich nicht viel davon sagen. Die Häuser sind viereckig, mit maigrünen Fensterläden und werden zur Osterzeit von Mylords und Myladis bewohnt. Das Ganze zusammen gehört jedoch zu den schönsten Anblicken meines Lebens; ehe ich sterbe, möchte ich noch einmal wieder vom Janiculus hinübersehen über Roma. Es liegt so etwas drin! –

Über dem Albanergebirge stieg ein Gewitter auf, das seine dunklen Schatten auf die Berge warf, während Rom im hellsten Sonnenschein lag. Immer dichter hüllte es die Ferne ein, bis nichts mehr zu erkennen war, und nur wenn ein Blitz zuckte, sah man die weißen Häuser von Frascati und die Villen an den Abhängen hell aufleuchten und die Umrisse der Berge haarscharf aus dem Dunkel hervortreten.

Der Vetturino fragte, ob er uns zu einer sehr bedeutsamen Merkwürdigkeit fahren dürfte. Als wir dies bejaht hatten, karriolte er uns durch allerlei eingehegte Wege, bis er vor einem Mauerrest irgendeiner altrömischen Wasserleitung hielt. Dann deutete et auf eine Kanonenkugel, die fest in der Wand saß, und redete viel und lebhaft. Ich verstand davon nur:" Garibaldi" –" Italia unita" –" Evviva Italia" –" Evviva il re", und erklärte den Kutscher für einen ausgemachten Stiesel, weil wirklich absolut nichts zu sehen war als Feldweg und Gerümpel.

Onkel Fritz aber sagte:"Mir gefällt der Bursche. Er zeigt den Fremden, in deren Augen er die Freude an Rom liest, die eiserne Kugel, welche die Franzosen in seine Vaterstadt schleuderten, als sie dem Papste halfen, Italien zu unterdrücken. Er ruft begeistert: Garibaldi lebe, das geeinte Italien lebe, der König lebe! Den Retter aus der Schmach vergißt er nicht, sondern er ehrt ihn, wie er es vermag, und das liebe ich. Geh her, Italiener, da hast du ein Weingeld, trinke auf das Wohl deines Landes, seines Befreiers und seines Herrschers. Zeige jedem Fremden die Kugel, obgleich der alte Mauerrest noch lange kein Heidelberger Schloß ist. Auch wir werden heute eine Flasche edelsten Gewächses auf Deutschland leeren; ein römischer Droschkenkutscher soll uns nicht beschämen."

Er gab dem Vetturino eine Handvoll Münze, und der rief fröhlich:" Evviva Germania!"„ Evviva Bismarko!" – Ist gut, fahr zu. Avanti, avanti!

Nach etlichen Minuten kamen wir zu schönen Anlagen, exquisitem Rasen mit Teppichbeeten, Palmen und Agaven, blühenden Kamelien und Rosen, zu der Paolo-Fontaine, die doch einen anderen Eindruck macht, als die Fontanellen vor dem Brandenburger Tor, obgleich diese in rührender Einfachheit ihresgleichen suchen.

Hierauf wollten wir in den Park bei Villa Doria Pamphili fahren, aber weil Wagen nur am Montag und Freitag von ein Uhr ab zugelassen werden – Einspänner gar nicht – so stiegen wir aus, denn eine echte Villa muß man doch sehen. Die Franzosen haben manchen Pavillon zerschossen und manche Statue verwundet, als wäre sie ein Mensch, aber trotzdem ist der Park sehr schön und der Blick auf die Peterskirche und den Vatikan entzückend.

Während wir naturschwelgend in den dichten Alleen von Steineichen, Oliven und anderen wundervollen Bäumen lustwandelten, umdüsterte sich der Himmel mit einer Schnelligkeit, daß es uns unmöglich war, den an dem Tore haltenden Wagen vor dem Ausbruch des Gewitterregens zu erreichen. Es platzte los, als wenn die Reinmacheengel im Himmel gesagt hätten:"Da geht die Buchholzen in dem neuen Kleid, nun gießt zu." Wenn der Regen, der hier in einer Viertelstunde fiel, in Berlin herabkommen soll, braucht er mindestens acht Tage. Na, ich war durchnäßt, ehe es ordentlich anfing, und mein Karl machte in dem quatschnassen weißen Anzug im Handumdrehen einen sehr verwüsteten Eindruck, man hätte ihn so, wie er da war, gleich auf die Leine hängen können. Und dazu färbten die modernindustriellen Pensee-Handschuhe ab. Mein Kleid sah trostlos aus.

„Ich habe dir geraten, den Plunder zu Hause zu lassen", sagte Onkel Fritz."Wenn du wochenlang in Rom lebtest und in Gesellschaft kämest, so wäre Salongarderobe notwendig. Auf der Reise gebraucht man Reisekleider ... das merke dir. Und jetzt nur ins Hotel, mein armer Schwager klappert vor Frost in dem dünnen weißen Anzuge. Passiert ihm etwas, so hast du ihn auf dem Gewissen!"

„Wo ist der Kognak?" rief ich.

„Im Hotel." –

„Wie kannst du den vergessen," fuhr ich Fritz an,"du hast Schuld, wenn mein armer Karl krank wird, nicht ich!"

Wir eilten so rasch als möglich ins Hotel und brachten meinen Mann zu Bett. Er klagte wieder sehr über Rheuma und fror und zitterte."Wenn er nur nicht das Fieber weg hat!" lief es mir eiskalt über den Rücken. Während ich ihn nun tüchtig rieb, tränkte Onkel Fritz ihn fleißig mit Grog vom besten Kognak, den er für feierliche Gelegenheiten aufgespart hatte, bis mein Karl mollig warm und wieder ganz heiter wurde und fortwährend wiederholte, Rom sei ungeheuer gemütlich und ich seine allerbeste Altsche.

Als er eingeschlafen war, sagte Onkel Fritz:"Er wird wieder, ich kann daher ruhig gehen und mir einmal Rom bei Abend ansehen. Adje, Wilhelmine"!

Ich hing die gräflichen Gewänder in dem Prunkgemach zum Trocknen auf und ließ mir Verpflegung auf das Zimmer bringen. Als der Kellner kam, sah er die Kleider an, meinen Karl im Bette an, mich an, aber er sagte kein Wort. Wäre es nicht unvornehm gewesen, ich hätte ihm mit Wonne eine heruntergelangt, derartig empörte mich seine stumme Impertinenz. So flegelhaft benehmen sich auch nur deutsche Kellner, die glauben, daß die Gäste ihretwegen sind und nicht sie der Gäste wegen! Woher kommt aber diese Verwilderung der Verhältnisse? Weil es an Fachschulen für Kellner fehlt. Erst wenn diese mit Professoren und allem Zubehör eingerichtet sein werden, läßt sich Besserung erwarten.

Für Hausknechte wäre ebenfalls Ähnliches in Aussicht zu nehmen und vorbereitende Lehranstalten für Scheuerfrauen dürften nicht schaden, denn die wenigsten davon sind eckenrein und gründlich. Welchen Nutzen könnten Frau und Herr Lina Morgenstern auf diesem Gebiete stiften, wenn sie nur wollten. –

So legte das Jahrhundert seine klaffenden Wunden an mein blutendes Herz, während ich bei meinem Karl wachte, der wie eine Memnonsäule schlief, die ja auch bekanntlich knurrte, wenn sie im Schlaf gestört wurde. In dieser Einsamkeit, durchflutet von großen Weltenschmerzen, gedachte ich der alten Götter, des Apoll von Belvedere, der Dichtkunst!

„O, ihr Musen," lispelte ich, um den Schlafenden nicht zu stören,"wenn ihr nicht gerade bei einem der vielen beeidigten deutschen Poeten von Fach Gevatter stehen müßt, dann eilet zu mir und bringet den delphischen Stuhl, denn ich fühle mächtigen dichterischen Drang!"

Als mein Karl nach Mitternacht erwachte und sich außer über Nachdurst über nichts beklagte, konnte ich ihm bereits einen Vers von dem Gedicht vorlesen, welches ich den Manen Dantes zu widmen und"Am schönen Strand des Tiber" zu nennen gedachte. Dieser Vers ging so:

Mit deinen Apfelsinen, Land der Alten,
Wie bist Du wunderbar und hoch und hehr!
Was konnten sie von Marmor nicht gestalten,
Die Künstler, die schon längst nicht leben mehr?!
Ist manches auch kaput, so fühlet man doch walten
Den Geist, als wenn er nicht gestorben wär.
Den Baum erkennt man leicht an seinen Früchten:
Entzweies kann von einst'ger Kunst berichten. –

Mein Mann fand die Arbeit sehr schön, aber meinte doch, daß die Poesie ihn angriffe, und ergab sich dem Schlafe wieder. Onkel Fritz sagte am anderen Morgen, der Vers sei grimmig. Wer hat nun recht, und wem soll ich folgen? Vorläufig ist mir wenigstens die Lust zum Dichten genommen; später kommt die Frühjahrsgarderobe, im Sommer die Badereise und im

Herbst das Einmachen, dann habe ich keine Zeit. Ist der Vers denn wirklich grimmig?

Mit unserer Abreise nach Neapel war es nichts, denn mein Karl mußte ausschlafen. Wie glücklich war ich nun, daß die Zigarren, die ich mit Lebens- und Leibesgefahr gerettet hatte, ihm schmeckten, denn die langen Cavour, wie man sie in Italien raucht, konnte er nicht vertragen, als er einmal davon versuchte. Es ging ihm dabei nicht besser als den Italienern auch, die, wo sie gehen und stehen, spucken wie die Lamas. Solange er rauchte und selbst noch eine ziemliche Weile hinterher, war auch mein Karl ganz Lama. Wir kleideten uns in die soliden Reisegewänder und fuhren nach dem Frühstück wieder durch Rom. –

Weil wir nicht mehr in der höchsten Eleganz erschienen, die ja verregnet im Hotel zum Trocknen hing, erregten wir keine Spur von Aufsehen. Es war das auch besser so, denn der Italiener soll, wie ich später erfuhr, solche Fremde, die ganz in Piquet oder Nanking gekleidet gehen, für total unheilbar halten. Er selbst hütet sich möglichst vor Erkältung, namentlich in den Gegenden, wo das Fieber lauert, und dazu gehört ja auch leider Rom, obgleich einzelne Quartiere gesund sind.

Der Römer sieht zu, daß er mit der sinkenden Sonne nach Hause kommt, und hält sich einige Stunden nach Sonnenuntergang in seiner Wohnung auf, denn um diese Zeit steigen die Fieberdünste von dem erwärmten Boden in die kühlgewordene Nachtluft auf. Nachher geht er dann aus, besucht seine Bekanntschaft oder geht ins Café oder steht auf dem Colonnaplatz oder am Corso und benimmt sich wegen der starken Zigarren lamahaft.

Was nützen nun die kostbaren Villen ihren Besitzern? Da ist die Villa Borghese, die ein Park umgibt, der geradezu aussieht, als wäre er nach alten Kupferstichen angelegt, obgleich die Kupferstiche nach ihm gezeichnet wurden, und in der Villa stehen Marmorfiguren, die so berühmt sind, daß sie kein Mensch bezahlen kann, aber niemand darf des Fiebers wegen dort wohnen.

Es ist merkwürdig, daß viele Statuen, die in den Reisehandbüchern zwei Sterne haben, auf mich gerade solchen Eindruck machten, als wenn sie, wie manche Menschen, einen bis mehrere Orden bekommen hätten, ohne daß man eigentlich weiß, warum sie dekoriert wurden. Viele kriegen ja Orden, weil sie das nötige Alter dazu erreicht haben, und so denke ich, daß auch viele Antiken nur deshalb mit Sternen ausgezeichnet werden, weil sie sehr alt sind.

Da weder Herr Professor Quenglhuber noch Herr Spannbein anwesend waren, um mir auseinanderzusetzen, warum das Häßliche manchmal schön und das Schöne manchmal häßlich sei, mußte ich mich auf meine eigene Hand in die Statuen hineinleben und mir das Wissenswerte von denselben selbst geistig zusammenraffen.

Interessant war mir in der Villa Borghese ein Knabe aus Bronze, weil er einen jungen Spartaner darstellt. Diese Spartaner waren ein ganz eigentümliches Volk, bei denen alles auf körperliche Kräfte hinauslief, während wir mehr für Einjährigfreiwilligen-Examen, ungemein viel Wissen, schwache Brust und Kurzsichtigkeit sind. Wenn so ein spartanischer Knabe vormittags im Wettlauf – es waren alle geborene Käpernicks – das Bein brach und der Chirurgius es ihm einrenkte, daß die Knochen nur so knirschten, dann sang er aus vollem Halse: So leben wir, so leben wir, so leben wir alle Tage. Am Nachmittage lief er schon wieder mit, und wenn er den ersten Preis nicht gewann, kam es vor, daß ihm aus Kummer und Schande das Herz still stand und er tot bei dem Ziel umfiel. Aus diesem Grunde erschien mir jene Statue im höchsten Grade beachtenswert, obgleich sie mit keinem Sterne bedacht ist und erst im Lichte der älteren Geschichte betrachtet ihre volle Bedeutung erhält. Nicht allein Kunst und Schönheit machen ein Kunstwerk wertvoll, sondern die Geschichten und Anekdoten, die man sich von ihm, seinem Verfertiger oder dem Gegenstande erzählen kann, den es darstellt. Deshalb soll es den Kritikern auch so entsetzlich schwer fallen, über ein Kunstwerk zu schreiben, von dem sich keine Räubergeschichte mitteilen läßt, und dies mag auch wohl der Grund sein, weshalb sie immer wimmern, daß keine Historienbilder mehr gemalt werden, denn gerät ihnen so eins unter die Feder, so haben sie nur nötig, sich an ein geschichtliches Buch oder an das Konversationslexikon zu halten, aus dem sie eben so wissenswerte Notizen zu ziehen vermögen, wie ich sie über den spartanischen Knaben gebracht habe. Aber ist es die Ausgabe des Künstlers, der Kritik das Leben zu erleichtern?

Außerdem befindet sich in der Villa Borghese eine Statue der Schwester Napoleons als Venus. Ich lasse mir von den Antiken ja alles Mögliche gefallen, weil es noch keine Mode gab, als die alten Griechen selbst das bißchen Trikot sparten, ohne welches heute kein Herkules und keine Sylphide der Luft auftreten darf, aber wenn eine Dame sich im marmornen Zustande auf einem Ruhebette herumsielt und andere Leute glauben machen will, sie hätte nichts anzuziehen gehabt, obgleich sie die Schwester eines Kaisers war, der sie von oben bis unten mit Diamanten behängt hätte, wenn sie ihn darum angegangen wäre, und wenn er die Edelsteine hätte rauben müssen, so finde ich das sehr extravagant. Aber das muß in der Familie liegen, denn er hat in Mailand nichts an und sie nichts in Rom. Mein Karl war durchaus meiner Meinung, wogegen Onkel Fritz unsere Ansichten philiströs nannte. Ich bin aber fest überzeugt, wenn ich, seine leibliche Schwester, als Gips- oder Marmorvenus in der guten Stube auf der Servante stehen wollte, er würde der Erste sein, der über solche Art von Kunstgewerbe Skandal machte.

Von den anderen Statuen will ich nichts sagen, weil ich erst am jüngsten Tage mit der Beschreibung aller Figuren fertig sein würde, denen man in der Stadt und den Villen begegnet. Überall auf den Plätzen sieht man, in welch ausgezeichneter Weise man von jeher in Rom die Bildhauer zu verwenden wußte, um die Stadt so interessant wie nur möglich zu machen.

Diese köstlichen Springbrunnen mit Marmorfiguren, wie wünschte ich ebensolche für Berlin. Wir haben ja auch Wasserkünste und etwas wie Sanssouci sucht man vergebens in Italien, aber eine junge Stadt will doch auch ihren Schmuck haben wie eine junge Frau. Wie wäre es, wenn der Schiller nach dem Tiergarten hinausgefahren würde und einen so stilvollen Platz bekäme wie sein Freund Goethe? Dann könnte das dumme

Gebüsch vor dem Schauspielhause entfernt und an seiner Stelle ein Brunnen mit Figuren errichtet werden, wie er für die Stelle paßt. Der Obelisk auf dem Potsdamer Platz ist auch immer noch nicht da. Nach Rom bringen die Fremden alljährlich Millionen; das in Kunstrenten angelegte Kapital verzinst sich gewaltig. Was sollen aber Fremde in Berlin, wenn sie nicht auch für einige Wochen Sehenswürdigkeiten finden? Auf der Stadtbahn fahren wird ihnen zuletzt über, und für die Kanalisation interessieren sie sich nicht hinreichend. An Künstlern fehlt es doch gewiß nicht. –

Als wir im“Orient“ anfragten, war ein Brief von den Töchtern da. Sie waren wohl und munter und wußten nichts Neues, als daß wieder Hundesperre angeordnet sei und in der Blumenstraße eine geheimnisvolle Frau umherstrolche, die den Kindern die Ohrringe ausrisse. Das war mir in Rom natürlich gleichgültig. Außerdem klagten sie, mein erster Brief sei so gelehrt gewesen, daß sie ihn nicht verstanden hätten. Ich nahm mir deshalb vor, in Zukunft begreiflicher für sie zu schreiben.

Als wir bereits wieder gehen wollten, rief plötzlich eine bekannte Stimme:“Herrjeh, Frau Buchholz, da sind sie ja!“ – Frau Kliebisch und ihr Halbgarer kamen die Treppe herunter. Das Wiedersehen war recht erfreulich, denn wenn man auf Reisen mit auch nur Viertelwegsbekannten zusammentrifft, merkt man erst recht, daß der Mensch ein geselliges Geschöpf ist und kommt dadurch der Kenntnis von der Bestimmung seiner selbst näher.

Die Kliebisch fragte, ob wir Lust hätten, das berühmte Miserere von Allegri zu hören, das nur in Rom echt aufgeführt werden könnte. Da die Sixtinische Kapelle nicht mehr zu kirchlichen Handlungen gebraucht werde, gäbe man der Engländer wegen das Miserere jeden Tag in einem Saale als Konzert, und um vier nachmittags finge es an. –“Wenn es berühmt ist,“ sagte ich,“so müssen wir es ja hören!“ –“Es gibt keine berühmtere Musik,“ bekräftigte die Kliebisch.“Mein Mann ist allerdings mehr für die Operette, aber heute geht er mir zu Gefallen mit. Nicht wahr, Hinnerich?“

„Das Miserere ist ja so berühmt, Henriette!“ antwortete Herr Kliebisch mit einem schwachen Seufzer.

Nachdem alles genau verabredet worden, fuhren wir nach der Peterskirche. Wenn mich auch verdroß, daß Kliebischs die billigeren Zimmer im“Orient“ bewohnten, dessen Adresse sie von mir hatten, während wir in einem Hotel mit Grafenpreisen logieren mußten, so war ich Henrietten doch nicht böse, sondern rechnete ihr die Aufmerksamkeit mit den Misererebilletten hoch an. –

Wir kamen über die Engelsbrücke. Die Marmorengel, welche auf den Brückenpfeilern stehen, haben merkwürdig viel schwarzes Moos angesetzt und sind daher nicht egal in der Farbe. Einige haben einen weißen Stumpf und schwarze Arme, andere eine dunkle Backe und weiße Nase, wieder andere sind fleckenweise gescheckt, aber weil in Rom insgesamt über sechzigtausend Statuen sein sollen, so fehlt es an Zeit, die Puppen zu putzen, wie unsere auf der Schloßbrücke, woran sie ein halbes Jahr zu tun haben. Wollten sie es in Rom ebenso machen, dann säßen die ersten Statuen längst wieder voll Moos, ehe die letzte unter die Bürste käme. Das wäre ebenso unnütz, als quälte sich jemand damit ab, im Herbst unter den Linden die abfallenden Blätter wieder an die Äste zu leimen. Außerdem legen, wie Bädeker sagt, die zehn kolossalen Engelstatuen von dem unplastischen Sinn jener Zeit Zeugnis ab. Dafür verdienen sie auch nichts Besseres, als daß sie schwarz werden.

Das Grabmal Hadrians heißt nun Engelsburg und ist eine Festung. Mitten in dem gewaltigen Bau liegt die kleine Grabkammer, in der seine Asche beigesetzt war. Sie haben ihn aber hinausgeschmissen. Wer weiß, wer einmal mit unseren Knochen spielt, wenn schon so mit Hadrianen umgegangen worden ist? Ich habe ziemlich oft seine Büste gesehen, denn er ließ sich, wies scheint, gerne beim Bildhauer abphotographieren, so daß jedes Museum mindestens ein halbes Dutzend Hadrians hat, und mußte denken:“Armer Kerl, als Kaiser flogen sie vor dir, als Asche mußtest du fliegen; hoffentlich hast du jetzt einen guten Platz in der ewigen Seligkeit.“

Dann fuhren wir über den St. Peterplatz mit den Kolonnaden, auf denen drei Wagen nebeneinander passieren können und die bloß drei und eine halbe Million Mark gekostet haben. Mitten auf dem Platz steht der Obelisk, der nur hoch kam, als Wasser daraus gegossen wurde. Zu beiden Seiten sprudeln zwei Fontänen Tag und Nacht ihre schäumenden Strahlen und netzen den Mosaikboden des Platzes, je nachdem der Wind weht und die Tropfen zur Seite schleudert. Früher stand der Obelisk im Zirkus des Caligula, in welchem Nero mimte. Auf diesen Obelisk fiel das qualmige Licht der lebenden Fackeln. Das waren in brennbare Stoffe eingehüllte Christen, die angezündet wurden, damit Nero bei sinkender Dämmerung besser sehen konnte, wie reißende Hunde wehrlose, in Tierfelle eingenähte Menschen, die Brüder und Schwestern jener Fackeln, mordgierig zerfleischten.

Wo diese Greuel geschahen, erhebt sich jetzt die Peterskirche, die größte Kirche der Welt. –

Wir stiegen aus und gingen die breiten Stufen hinan, welche zum Portal führen. Mit jedem Schritt wuchsen die Säulen an den Türen zur Vorhalle, in die es mich hineinzog wie einen Halm in einen Wasserstrudel. Die Vorhalle war schon eine Kirche für sich, wie kolossal mußte nun erst das Hauptinnere sein?

Ich kann wohl sagen, daß ich mit einer Art Erwartungsherzklopfen eintrat, aber als ich die ersten paar Schritte getan, war ich enttäuscht. Ich hatte mir alles größer gedacht!

Freilich fiel mir die Pracht der farbigen Marmorwände auf, der Goldschimmer des Gewölbes, die blendende Weiße der Heiligenstatuen, und in der Ferne sah ich Lichtlein brennen, die sich ausnahmen wie Kerzen, die aus einem goldenen Kranze herausbrannten: ... aber wo war das Kolossale?

Mein Karl ging rascher voran und näherte sich dem einen Pfeiler rechts, an dem ein kleiner Engel aus Marmor steht, der dem Eintretenden eine mit Weihwasser gefüllte Muschelschale darreicht. Wie mein Karl nun dicht an den Engel herantrat, sah ich plötzlich, wie klein mein Karl und wie furchtbar groß der Engel war, den ich für ein Figürchen gehalten hatte. Mit einem Male war es mir, als wenn die Kirche immer größer und ich immer kleiner würde. Der Atem verging mir, und es überkam mich wie Furcht. – Ich mußte weinen.

Mein Karl gab mir seinen Arm, aber es dauerte lange, ehe ich mich wieder fassen konnte. –

Nachdem ich wieder einigermaßen zur Besinnung gekommen war und mich nicht mehr vor dem weiten Raum und der überwältigenden Pracht fürchtete, sondern mit ruhigerem Blute die Einzelheiten zu betrachten begann, hielt ich mich nahe an Onkel Fritz, der im Bädeker nachsehen mußte, was dieses und jenes bedeutet und worum es die Blicke einer kunstsinnigen Menge auf sich zu ziehen hat. – –"Was sagt er über St. Peter; ist er außer sich?" fragte ich. –"Mal sehen," antwortete Onkel Fritz und las:"Das Äußere der Peterskirche muß man dem Tadel preisgeben, dagegen übt das Innere, trotz allen Unbilden durch einen falschen Prunk einen überwältigenden Eindruck. Punktum." –"Also das sagt er doch! Falscher Prunk? Nicht übel. Wenn die Marmorwände, die so schön sind, wie ich sie schöner nicht denken kann, die Figuren in ihrer Kolossalität gerade groß genug erscheinen und sich herrlich in den Nischen ausnehmen, so ist das alles falscher Prunk? Möchte wohl mal echten Prunk sehen, wenn dies falscher ist." –"Es ist wirklich schade," sagte Onkel Fritz,"daß so viele alte Meister, Maler, Bildhauer und Architekten es den Kunstgelehrten gar nicht zu Dank gemacht haben. Hätten sie eine Ahnung davon gehabt, wie mit ihnen dereinst in den Reisehandbüchern umgegangen werden würde, so hätten sie sich entweder mehr Mühe gegeben, oder ..." –"Oder?" –"Sich gut mit den Kritikern ihrer Zeit gestellt, ihre Freundschaft zu erwerben gewußt, und vor allen Dingen ebenso fest an die Allmacht der Kritik wie an die Urteilslosigkeit der Menge geglaubt. Dann wären die Besseren weniger schlecht und die Mittelmäßigen weniger gut weggekommen." –"Du rechnest mich doch hoffentlich nicht mit zu der Menge?" –"Ich spreche nur symbolisch, Wilhelmine, denn ich rede von alten Zeiten; in unserem Jahrhundert kann so etwas selbstverständlich nicht vorkommen. Da gibt es nur Gerechtigkeit,

Neidlosigkeit, Unparteilichkeit, Kenntnis, Verständnis und Urteilskraft, keine Bosheit, keine Käuflichkeit, keine Tücke. Ist doch jedermann nachgerade so weit aufgeklärt, um zu wissen, daß Dummheit eine Gabe ist, die man nicht mißbrauchen muß!" –"Du hast recht. Kommende Geschlechter werden unsere ideal-humane Zeit schon gebührend beleuchten." –"Das versteht sich!" antwortete Onkel Fritz.

Was ich für einen goldenen Kranz gehalten hatte, erkannte ich beim Näherkommen als zahlreiche Lampen, die von goldenen Zweigen getragen zum Gedächtnis des Apostels Petrus brennen, dessen Grab sich unter dem Tabernakel befindet. Darüber wölbt sich die Kuppel der Kirche, von der man nicht begreift, wie sie so hoch sein kann, wenn man hinauf sieht.

Auch die Bronzestatue des heiligen Petrus mit den Schlüsseln, dessen große Zeh die Frommen schon halb weggeküßt haben, sah ich und die mächtige Orgel, die auf Rädern steht, um an die Stelle hingefahren zu werden, wo Musik zum Gottesdienst gebraucht wird.

Es ist alles merkwürdig an dieser Kirche. Oben auf dem Dache von St. Peter wohnt eine Kolonie von Arbeitern und Wächtern. Sie haben Gärten da droben, Ziegen und sonstiges Getier, und sind guter Dinge. Über sich den Himmel und unter sich die Kirche aller Kirchen kann ihnen nichts Böses geschehen. Die Kuppel ist so gewaltig, daß sie stets einen Schatten wirft, nur muß man mit dem Stuhle fortwährend herumrücken, wenn man im Kühlen sitzen will. In den Knopf der Kuppel gehen sechzehn Personen hinein, Dicke jedoch nur zehn bis zwölfe.

Bevor wir St. Peter verließen, besah ich noch die Beichtstühle für alle Sprachen der Welt, die wie Steuerhäuschen für das Jenseits dastehen. Nur für die lallenden kleinen Kinder war keiner vorhanden. Dicht neben der Mitteltür zeigte uns Onkel Fritz eine in den Boden eingelassene farbige Steinplatte, auf der ehemals die deutschen Kaiser gekrönt wurden.

„Hat sich ausgekrönt," sagte mein Karl."Der sein Land zum Kaiserreiche gemacht hat, dem ist auch die Krone zu eigen. Dazu ist kein Dritter vonnöten!" – Ich hätte viel darum gegeben, wenn wir nun bei Fritz Töpfer oder bei Rudolf Dressel recht fein hätten frühstücken können, aber so mußten wir nun 'ran an die italienische Küche. Onkel Fritz spendierte eine Flasche Asti spumante, wie sie den einheimischen Champagner nennen. Für zwei Mark die Flasche kann man nicht mehr verlangen, nicht mal Eis, das wir auch nicht bekamen.

In den großen Hotels ißt man recht gut, aber da die Temperenzamerikaner bei Tisch nicht trinken, sondern sich auf ihren Zimmern betäuben, muß der durstige Deutsche die hohen Table d'hote-Preise mit tragen. Später aßen wir häufig im Genio, bei Corodotti und Morteo und waren sehr zufrieden. Bei Morteo am Corso gibts Wiener Bier: kleine Vogelnäpfe voll, teuer, aber kühl und gut.

Verabredetermaßen holten wir Kliebischens ab und genossen das Miserere. Der ganze Saal war voll von Engländern, meist weiblichen Geschlechts in Trauer. Sie verdrehten die Augen in beneidenswerter Andacht, während mir schrecklich zu Mute ward, denn es klang, als wenn vier Höfe aneinander grenzen und in jedem Hof etliche gleichzeitig anders singen. Ob es nun Menschen oder Kater sind, kommt auf eins aus. Onkel Fritz heuchelte nach den ersten zehn Minuten Nasenbluten und drückte sich. – Aber die Engländer! Die waren schon mehr verzückt. –

Die Kliebisch meinte auch, das Miserere klänge nicht schön, und Herr Kliebisch murrte, daß sie wegen eines solchen Gejammers aus dem Hotel gegangen seien. Auch mir wäre etwas Gefühlvolleres lieber gewesen, wie zum Beispiel: der liebe Gott geht durch den Wald. Die Kliebisch sagte, Gesangvereine wie bei uns gäbe es in ganz Italien nicht, und darin hat sie recht. Wenn wir einmal eine Landpartie mit einem Gesangverein machen, wie entzückend wird da gesungen. Allein schon der Anblick, wenn die Sänger sich aufstellen, als sollte jemand vom Leben zum Tode gebracht werden. Dann gibt der Dirigent ihnen den Ton an. Einige erbleichen förmlich vor innerlicher Aufregung. Und dann geht's los. Und wie!

Ist kein Gesangverein dabei, so macht man natürlich keine Ansprüche und ist zufrieden, wenn die Herren das Lied“Wer hat dich, du schöner Wald“ anfangen und nicht zu Ende singen. Man sieht doch den guten

Willen. Mehr Nummern können sie meistens nicht, weil sie weder Text- noch Notenbücher mitnehmen. Es wäre daher sehr praktisch, wenn die beliebtesten Lieder inwendig auf das Hutfutter gedruckt würden, damit die Herren Sangesbrüder wenigstens nicht um die Worte in Verlegenheit kämen, denn nichts ist peinlicher für die Damenwelt, als wenn gedruckst und gedruckst wird und doch kein Lied zustande kommt.

Dennoch will ich lieber auf Gesang verzichten, als das Miserere noch einmal hören. Mir werden die Zähne stumpf, wenn ich nur daran denke.

Worüber ich mich aber doch wunderte, das war die furchtbar hohe Stimme einiger Sänger, was auch der Kliebisch aufgefallen war. Onkel Fritz erklärte uns, daß diese Sorte von früheren päpstlichen Sängern im zarten Knabenalter bereits ein Gelübde tun mußten, niemals zu heiraten, worauf ihnen das Hochsingen beigebracht wurde. Die Kliebisch freute sich, daß ihr Hinnerich kein Misereresänger geworden sei, da sie ihn dann ja nicht hätte heiraten können.

Ich fragte sie, wie ihr überhaupt die Musik in Italien gefiele? Sie sagte, was man zu hören bekäme, wären meistens Opernmelodien; sie glaubte nicht, daß Lieder, wie sie Brahms, Jensen, Naubert, Hoffmann komponierten, hier unten gesungen würden, und behauptete, einen Domchor wie in Berlin, brächten sie nicht heraus. –"Lustig genug klingt die Musik schon in den italienischen Kirchen," sagte ich,"aber wenn die Leute gewohnt sind, bei einem Walzer andächtig zu sein, so ist das ihre Sache."

Onkel Fritz pflichtete mir bei, daß man jedem sein Vergnügen lassen müsse, und fragte Herrn Kliebisch, ob er Skat spiele?"Na ob!" antwortete dieser. Ein Glück war, daß die Kliebisch ihren Mann zum rechtzeitigen Aufbruch in ihr Hotel bewegte, sonst hatten die Herren bis zum frühen Morgen gespielt. Ich aber schwur im tiefsten Innern Rache, und noch ehe ich einschlief, hatte ich einen Entschluß gefaßt, den Herren später zu zeigen, wohin im Lande Italien die Karten gehören.

Am Golf von Neapel

Warum Frau Kliebisch seinen Sechsachteltakt und keine Citronen vertragen konnte – Die Abruzzen – Vom Musik-Elend – Der Räuber – Gleichheit vor der Sonne – Ein deutscher Tempel bei Wissenschaft – Santa Lucia – Warum Frau Buchholz nicht im Museum sein mochte – Warum der Neapolitaner mit keinem Berliner Bankier tauscht – Neapel von draußen – Der Hund und der Geizhals – Pompeji und Spandau – Die Fliegen und der Kapuziner – Warum Frau Buchholz vor einem Fische knixt – Warum der Vesuv wild wurde – Capri – Warum in Amalfi ein Loch im Fremdenbuche verehrt wird – Addio mia bella Napoli

Nun rollten wir auf Neapel zu.

Kliebischens hatten sich uns angeschlossen; er wegen des Skats, sie wegen meiner Ratschläge, denn eine ältere Frau hat doch schon mehr durchgemacht, als eine auf der Hochzeitsreise begriffene.

Ich fragte nun, wie sie sich am Gardasee amüsiert hätte.

– Es ließe sich halten. – Ob sie dort auch Apfelsinen und Zitronen gesehen hätte? –“Leider ja.“ –“Wieso leider?“ –“Ach, liebste Frau Buchholz, was habe ich gelitten. Hinnerich ruhte nicht eher, als bis wir auf dem Dampfschiff waren. Der See ward unruhiger, je weiter wir kamen, mir graust noch, wenn ich dran denke.“

„Das Schiff ging auf und nieder, immer im Sechsachteltakt, wie ein Rondo von Hiller.“ –“Und da ward Ihnen schlecht?“ –“Noch nicht ganz, ich bin ja an Musik ziemlich gewöhnt. Hinnerich, der meinen Zustand sah, war untröstlich, daß er mir nicht helfen konnte, und suchte mich durch alle möglichen Erfrischungen zu erquicken. Alles, was man ihm anriet, brachte er mir, Kaffee, Selterwasser und zuletzt eine Zitrone in der Schale, die sehr gut sein sollte.“ –“Half die denn?“

„Um in die Zitrone hineinzubeißen, mußte ich den Mund öffnen, und das wurde mein Verderben. In demselben Augenblick waren mein neues Samtkleid und Hinnerichs heller Paletot geliefert, so viel Bewußtsein hatte ich noch, das zu bemerken. Dann aber schwand mir alles bis auf den

Sechsachteltakt, der sich nicht verlor, sondern mit dämonischer Hartnäckigkeit auf mein kreisendes Gehirn hämmerte.“

„Wie Hinnerich mir später erzählte, schleppten er und ein Matrose mich in die Kabine, wobei ich wie eine geknickte Lilie ausgesehen haben soll. Hinnerich ist ganz in Verzweiflung gewesen und hat immer gerufen: ich habe mein Weib getötet, ich bin der Mörder meiner Henriette, warum ließ ich sie das heimtückische Dampfschiff betreten? O, wie beklage ich meine unselige Neigung für Rudern und Segeln. Dies hat er mir wohl hundertmal erzählen müssen, als wir später auf dem Trocknen waren, und immer wieder schloß ich ihm dann den Mund mit einem Kusse und sprach:“Du Guter, was hast du gelitten; ich will deine treue Liebe und Zärtlichkeit vergelten.“ –“Und ich will dir das Dasein versüßen, du Engel,“ sagte er dann kosend,“wie ich es nur vermag, du sollst ein viel schöneres Samtkleid haben als das ruinierte, so wahr ich Hinnerich Kliebisch heiße.“ – Was aber schrecklich ist, ich kann seit jener Affäre keine Zitrone mehr riechen und keine Hillerschen Kompositionen mehr hören, ... gleich werde ich wieder seekrank.“

„Das ist grausam. Waren Sie auch in Mailand?“ –“Ja.“ –“Haben Sie den Dom gesehen?“ –“Bloß von außen.“ –“Haben Sie Napoleon mit nichts an gesehen?“ –“Nein.“ –“Haben Sie das Abendmahl gesehen?“ –“Nein.“ –“Was haben Sie denn gesehen?“ –“Beste Frau Buchholz, ich war ja so leidend, daß wir fast gar nicht aus dem Hotel herausgekommen sind; Hinnerich wich keine Minute von meiner Seite. Von Mailand reisten wir nach Bologna.“ –“Was ist denn da los?“ –“Ein sehr gutes Hotel und zwei schiefe Türme.“ –“Zwei? Nach Bologna gehe ich nicht, ich hab' gerade genug an einem schiefen Turm. – Karl, guck mal aus, ob du den Vesuv noch nicht sehen kannst?“ –“Gleich, mein Kind ... Schellen sticht, schmeckt gut und ist billig. Herr Kliebisch, Sie haben Vorhand.“ –“Hinnerich, du Guter, was sind das für Berge hier zur Linken?“ –“Einen Moment, Henriette ... Noch mal Atout; und noch mal!“ –“Sie spielen weiter, Herr Kliebisch,“ sagte mein Karl. –

„Du hast ja den Bädeker, sieh doch einmal nach, Fritz.“ –“Gleich, Wilhelmine; Karl, eine Karte oder ein Stück Holz!“ –“Der Rest ist für mich!“ –“Sie geben, Herr Kliebisch.“ –“Ich hätte die grüne Zehn ausspielen sollen, dann wären Sie 'rum gewesen,“ sagte Herr Kliebisch und mischte. –“Nicht doch, ich hatte den König zweimal besetzt.“ –“Wir möchten wissen, wie die Berge heißen!“ mahnte ich sehr scharf.

Während Herr Kliebisch mischte, befragte Onkel Fritz das Buch.“Es sind die Abruzzen!“ rief er. – Die Kliebisch erschrak ebenso heftig wie ich. So nahe waren wir den Abruzzen, wo das menschliche Leben noch niedriger im Kurs steht als die Ölheimer Aktien. Und unsere natürlichen Beschützer spielten Karten. Zur Sicherung schlossen wir wenigstens das Fenster. –

„Karl,“ rief ich,“weißt du nicht, daß wir von Räubern umgeben sind?“ – “Ihr Herr Gemahl zieht uns aus, als wäre er hier zu Hause,“ scherzte Herr Kliebisch. Nie habe ich mich mehr über den Halbgaren geärgert als jetzt, denn Witze über meinen Mann vertrage ich nicht. Der Kliebischen stand das Wasser in den Augen.“Hinnerich liebt mich nicht mehr,“ jankte sie,“er hat mir schon seit einer Stunde keinen Kuß gegeben.“ –“Das können Sie ja im Hotel nachholen,“ erwiderte ich giftig.

Sie warf mir einen vorwurfsvollen Blick zu und sagte weinend:“O, wenn Sie wüßten, wie ich Hinnerich liebe. Was wäre ich ohne ihn? – Eine bedauernswerte Klavierspielerin, die von der Gnade ihrer Mitmenschen leben muß und vom Unterricht, die Stunde zu sechs Groschen. Was sind die Konzerte, welche wir unberühmten Künstler geben, denn anders als musikalische Schnorrereien? ... Wir werden in Gesellschaften geladen, um zu spielen, je öfter um so besser, und dafür nimmt man uns, wenn's so weit ist, einige Dutzend Konzertbillette ab, die dann armen Verwandten oder der Kochfrau und deren Angehörigen geschenkt werden. Vor solchem Publikum ist kein Ruhm zu ernten.“

„Und der pekuniäre Vorteil? Man ist froh, wenn zehn bis zwanzig Mark übrig bleiben, nachdem der Saal, Gas, Druckkosten und die Spesen der Kollegen bezahlt worden sind.“

„Sie kennen das glänzende musikalische Elend nicht, Sie wissen nicht, wie schwer es wird, aufzukommen, denn man verlangt heutzutage fast

Übermenschliches. Ach wie bald merkte ich, daß ich nie zu den Auserwählten gehören würde, ich fühlte, wie meine Träume von Stolz und Ruhm zerrannen, wie die Wirklichkeit kam und mich mit Ketten an das Klavier fesselte, zugleich mit der Not und den Demütigungen, denen die Armut im Seidenkleide und gewaschenen Glacés ausgesetzt ist, nur nicht mit der Kunst. Von diesen Ketten hat mich Hinnerich befreit, und wenn er mich nicht mehr liebte, würde ich mich töten."

„Kliebischen," sagte ich,"man kann manchmal nicht wissen, was ein hölzerner Bock für Talg hat. Dies gefällt mir an Ihrem Hinnerich, wenn er sonst auch gerade nicht meine Passion wäre." –"Ach, Sie sollten ihn nur kennen!" fiel sie mir in die Rede.

Ich hielt es nach dieser Gemütsbewegung für gut, einen zu genehmigen. Erst tranken die Herren, weil gerade Gebepause war, und dann reichten sie uns das Flakon.

Als die Kliebisch im Begriff stand, das gute Naß an den Mund zu setzen, klopfte es an das Fenster, und ein Wesen mit geschwärztem Antlitz begehrte Einlaß."Die Räuber!" schrie die Kliebischen und ließ die Flasche fallen. Die Herren sprangen auf. Indes die Aufregung war zwecklos, denn der vermeintliche Räuber entpuppte sich als ein vom Kohlenrauch angeblakter Schaffner, der meldete, daß wir bald in Neapel sein würden. Wahrscheinlich spekulierte er auf ein Trinkgeld, aber schreckhalbers wurde es ihm vorenthalten.

Ich bin mit mir noch nicht im klaren, ob das Trinkgeld eine Art von sanftmütigem Raub ist oder nicht? Wenn man in einem Hotel Wohnung nimmt, so ist es doch klar, daß man nicht selbst die Stuben fegen, die Betten machen, die Stiefel putzen, den Kaffee und die Speisen aus der Küche holen kann. Sobald man jedoch abreist, verlangen alle die Leute, welche diese selbstverständlichen Dienste leisteten, ihr Trinkgeld. Was heißt das?

Das heißt auf gut Deutsch Abruzzerei. Soll man mit Kleingeld um die Gunst des Hotelpersonals buhlen? Ist es überhaupt sinnvoll, sich das wohlwollende Lächeln des Hausknechts durch Mammon zu erkaufen? Ist es aristokratisch, sich die Achtung des Stubenmädchens durch einen finanzbeschwerten Händedruck zu erwerben? Keineswegs, obgleich Onkel Fritz hierin anderer Ansicht ist, als ich es bin.

Er meint nämlich, man würde besser bedient, wenn man als Gast und Fremder die Hoteldomestiken trinkgeldhafterweise besoldete, aber wieso kann man für Dienste einen Extralohn zahlen, die das Hotel ohne Extravergütung liefern muß?

Das ist doch Widersinn. Und ob so ein Fatzke im schwarzen Frack oder eine Donna vom Scheuerlappen mir gewogener ist als einem anderen Gaste, oder mich ein paar Zentimeter in der Privatachtung steigen läßt, das ist mir sehr gleichgültig.

Die Engländer und Amerikaner sind das Trinkgeldzahlen nicht gewöhnt und geben auch keines. Trotzdem, oder gerade deshalb, werden sie mit der ausgesuchtesten Höflichkeit behandelt, bekommen die besten Zimmer, die besten Plätze bei Tisch und stehen nichts aus.

Mit dem Trinkgeld haben wir uns eine direkte Selbstbesteuerung auferlegt, die geradezu ins Ungeheuere geht. Ein junger Mann, der zu Mittag im Wirtshause speist und abends sein Glas Bier trinkt, kommt, wenn er sich nicht der Mißachtung des Herrn Kellners aussetzen will, nicht unter jedesmal zehn Pfennige Trinkgeld frei. Das macht knapp gerechnet im Jahre sechzig Mark. Wenn der Staat ihm die sechzig Mark für wichtige Zwecke abverlangen wollte, wie würde er da zetern, wie würden die Zeitungen schreien, wie würden sie sich im Reichstag die Köpfe blutig reden. Wenn er dies Geld für die Armut hergeben sollte, wie würde er sich winden und krümmen. Aber das Wohlwollen des Kellners ist ihm so viel wert. Gibt es etwas Fratzenhafteres?

Daß man in Italien erst recht auf das Trinkgeld unangenehm wird, das liegt auf der flachen Hand, denn dort kostet alles ein Zwangsalmosen: die Kunst, die Natur, das Leben diesseits und jenseits. Ein richtiger Italiener glaubt, daß der Erzengel Gabriel, als er die ersten Menschen wegen Kontraktbruch exmittiert hatte, Adam ein Trinkgeld abverlangte, und als er keins bekam, weil es damals noch kein Nickel gab, sie nicht wieder in die Wohnung hineinließ. –

Italien ist ja stellenweise geradezu ein Paradies, es wäre aber noch paradiesischer ohne Trinkgeld. –

Die Herren beendeten ihr verruchtes Gespiel, wir sammelten unsere Packeneten zusammen und rüsteten uns zur Ankunft. Die leergelaufene Flasche nahm Herr Kliebisch an sich, um sie auf seine Kosten füllen zu lassen, durch welches Zeichen von Lebensart er mich versöhnlicher stimmte. Herrn Spannbein wäre so etwas natürlich nicht eingefallen, weil Künstler zu oft mit Freigetränken und stellenweise sogar auch mit Freibutterbrot und Käse verwöhnt werden.

Wir fuhren durch Kornfelder, die jedoch mehr Obstgärten glichen, deren Bäume üppige Weingirlanden trugen, an Gemüsegärten vorbei, worin alles, was da wuchs, nur so von Kraft strotzte. Ob es Kohl, Artischocke, Paradiesapfel, Kürbis, Gurke, Salat, Bohne oder Erbse war, jedes bestrebte sich, als wolle es den ersten Preis auf einer Gartenbauausstellung gewinnen. Dabei die Beete sauber wie ein gedeckter Tisch, die Wege wie mit dem Lineal gezogen, die Hecken beschnitten, dazwischen Orangen- und Zitronenbäume und die japanische Mispel, deren kleine gelben, säuerlich schmeckenden Früchte noch erquicklicher sein könnten, wenn ihre harten Kerne nicht so betrügerisch groß wären. Und von Unkraut keine Spur.

Den Vesuv sieht man von der Eisenbahn nicht, weil der Monte Somma ihn verdeckt. Man kommt mit der Bahn in Neapel ebenso an wie in anderen Städten, immer dieselbe Couleur. Auch Onkel Fritz sagte:“Dies soll Neapel sind? Ooch nicht übel!“ – Dazu wieder der Ärger über die vermaledeiten Koffer.

* * *

Aus meinem Tagebuche.

Wir sind nun drei Tage in Neapel und noch bin ich wie verbiestert. Wie soll ich es anfangen, die Stadt zu beschreiben? Man kommt ja gar nicht zur Besinnung. Es lebt alles. Der Himmel lebt, das Meer lebt, der Sonnenschein, die ganze Natur. Und die Menschen? – Die toben und lärmen wie Jungen, welche soeben in die Ferien entlassen wurden und denen der Schulmeister nichts mehr zu sagen hat.

Rom hat etwas Vornehmes an sich; wer mag auch bei Gräbern Radau machen? In Neapel vergißt sich dagegen das Vergangene, wie wir den Winter vergessen, wenn der erste Maisommertag erscheint, denn dort ist immerwährender Sommer. Jeder Tag bringt neues Leben, und bei seinen geringen Bedürfnissen kennt das Volk keine Sorgen für morgen. Deshalb kümmert es sich auch nicht um gestern. Jeder gefällt sich so wie er ist, er dünkt sich nicht geringer als sein Nachbar, weil dessen Rock ein Loch weniger hat. Ich meine den Armen, zu dessen Vergnügen der blaue Himmel, das Meer und der Sonnenschein ebensowohl da sind wie für den Reichen. Auch der Arme versteht dort froh zu sein, so jammervoll arm er auch ist.

Man nennt die Neapolitaner faul, weil viele von ihnen ihre geringen Bedürfnisse durch wenig Arbeit bestreiten können, und schilt sie Tagediebe. Das ist unrecht.

Die Handwerker arbeiten an der Straße. Es ist eine Lust zu sehen, wie unermüdlich und fleißig sie sind. In den ärmeren Quartieren gehen die Weiber mit dem Rocken und der Spindel zum Plaudern auf die Gasse, aber sie spinnen einen derben Faden dabei, der ihnen grobe Leinwand zu ihren Röcken liefert. Statt der Strümpfe ziehen sie meistens das Klima an, zumal am Alltag. Sonntags dagegen putzen sie sich. Ein einfaches Kleid, ein farbiges Band, unechter Goldschmuck um den Hals und in den Ohren und dazu kreischend vergnügt. Das ist ihr Staat. Ich hätte mit lachen, mit toben, mit ungebändigt froh sein mögen, aber was hätte man von mir in der Landsberger Straße gedacht? – Bei uns will alles nach der Mode gehen, selbst das Dienstmädchen. Mode macht Sorgen, welche die Tochter des Neapler Volkes so wenig kennt wie Schnee im April. Für wen soll sie sich in Unkosten stürzen? Für ihren Geliebten? Der ist auch kein Modeflaps. Für andere Menschen? Sie ist lustig, ohne das Gefühl, von anderen wegen ihres Kleides beneidet zu werden. Und wie lustig ist sie! –

Gestern Abend waren wir auf der Chiaja. Es war italienische Nacht mit Konzert. Die vornehme Welt Neapels fuhr Korso. Vier Wagenreihen, und welche Eleganz der Equipagen! Welche Toiletten! Ähnliches habe ich nie gesehen. Zu einem Korso gehört Fuhrwerk, Droschken zweiter Güte tun es nicht, selbst nicht erster. Und wie fröhlich sahen alle darein. Später wurde der Park von Hunderten von Gasflammen erleuchtet. Die Palmen waren echt, nicht aus grün angestrichenem Blech. Das Meer rauscht heran bis an den Park, die Wogen begleiten die Musik, und wenn diese aufgehört hat, amüsieren sie sich auf ihre eigene Hand wie die Menschen. Mitten in dem Park erhebt sich ein prächtiges, weißes Gebäude, dessen Wände die Gasflammen hell beleuchten. Das steht so stillernst in dem Trubel, dem Rasseln der Räder, dem Stimmgewirr der Menge und den Weisen des Orchesters wie etwas Fremdes. – Es ist auch fremd, es ist die von Dr. Anton Dohrn, dem Stettiner, erbaute zoologische Station. Das deutsche Reich steuerte hunderttausend Mark dazu, die Berliner Akademie stiftete ein kleines Dampfboot zum Fange der Seetiere. Andere Länder halfen auch, aber deswegen ist die Station doch deutsch. Und wenn sie auch den Naturforschern aller Nationen Gelegenheit zum Arbeiten und Forschen bietet, ein Deutscher hat sie gegründet, und deshalb ist sie deutsch. Mein Karl sagte:“Tobe nur, Neapel, sei nach Herzenslust vergnügt! Mitten in all dem Getöse, an dem schönsten Platz Neapels hat Deutschland der Wissenschaft einen Tempel errichtet, und das freut mich mehr als alles, worauf du stolz bist. Warum? Weil die Ehre meines Vaterlandes auch meine Ehre ist.“ –

Der Toledo ist die Friedrichstraße Neapels, nur geräuschvoller und etwa ein Viertel so lang. Mich wundert, daß keine Menschen darin überfahren werden, da die schönste Gelegenheit dazu jeden Augenblick vorhanden ist. Die Menschen sind aber dem Malheur in der Fixigkeit über. Und immer die Wagen mitten in den Menschenknäuel hinein gesaust, Equipagen, Droschken, Einspänner, Omnibus; Esel und Maultiere ungerechnet. Die Verkäufer gehen auf und ab und brüllen, als ob sie gespießt würden. Und womit handelt das? Mit drei oder vier Artischocken, einigen Fenchelwurzeln oder Maronen, etlichen Fischen, einem alten Hut und, wie ich einmal sah, mit einem Strick. So lange zetert das, bis es gerade den passenden Käufer für den Strick gefunden hat oder bis es heiser ist. Es wird aber nicht heiser, bevor es seine Ware an den Mann gebracht hat. Dabei handelt es, feilscht es, gestikuliert es, blökt es um die paar Pfennige, als stände die Existenz auf dem Spiele. Das hat es einmal so an sich.

Ich weiß nicht, was interessanter ist, die Gegend oder die Menschheit dieser Gegend, oder gehört beides zusammen wie Musik zum Tanze?

* * *

Hier sind meine Neapler Notizen zu Ende; ich hatte keine Zeit mehr, mich in der gebildeten Schreibweise zu üben, wie sie ein einigermaßenes Tagebuch erfordert.

Kliebischs reisten schon nach vier Tagen Aufenthalt ab. Er kam, um die gefüllte Flasche wieder zu bringen, und nahm Abschied. Seine Frau, sagte er, wäre leidend, sie könnte das ewige Zitronenwasser nicht vertragen, und er habe Austern gegessen, wonach er ebenso seekrank geworden wäre wie Henriette auf dem Gardasee. Außerdem sei sie so schreckhaft, daß sie zitterte und flöge, wenn jemand in ihrer Nähe losjohlte, was auch nicht zu verwundern sei, da man in Neapel ja wegen des Lärms kein Auge zukriegte.“Wir gehen nach Venedig, dort kann ich Wasserfahren,“ schloß er seine Auseinandersetzung und empfahl sich.

Onkel Fritz sagte mir jedoch den wahren Grund, weshalb die beiden Leine zogen. Sie waren nämlich an der Hafenstraße, die man Santa Lucia nennt, spazieren gegangen – Onkel Fritz handelte dort gerade bei einem Fischer um Korallen und Muscheln – und hätten sich gegenseitig ungemein gefühlvoll angeschmachtet.

Darüber hätten nun die Männer, Weiber und Kinder sich lustig gemacht, denn der Neapolitaner hat ein scharfes Auge für die komischen Seiten der Fremden, und so wären die beiden Verliebten der Zielpunkt der allgemeinen Aufmerksamkeit geworden. Außerdem wäre Kliebisch die Uhr aus der Tasche gestohlen worden.“Das hat sie so verdrossen, daß ihnen Neapel nicht mehr gefällt, und wenn du klug bist, nähst du deinem

Mann die hinteren Rocktaschen zu, damit ihm nichts daraus gestohlen wird.“ –“Mein Karl läßt sich nichts stehlen,“ fertigte ich ihn ab. –

Santa Lucia wird viel gepriesen, die Aussicht auf den Golf und die Inseln ist ja auch herrlich, und die vielen Schiffe erinnern an ferne Weltteile, aber es ist eine Hafenmauer da, und auf der Mauer und an derselben, wie's am bequemsten ist, lassen sich viele, teilweise nur mit sich selbst bekleidete Leute in der Sonne braten. Dies ginge ja noch, allein sie machen dort auch Jagd. Worauf, sage ich nicht. Würden sie einen Kamm nehmen, hätten sie sicherlich reichere Beute, sie bedienen sich jedoch der Finger und fangen einzeln weg, was sie inkommodiert, wozu bei den dicken struppigen Haaren Übung und Gewandtheit gehört. –

Von den dreihundert Kirchen haben wir keine besucht, dagegen waren wir im Nationalmuseum, worin sie die Statuen, Wandgemälde und die vielen Gegenstände aufbewahren, die in Pompeji und Herkulanum ausgebuddelt wurden. Von den anderen Sachen, den Bildern und übrigen Kunstschätzen will ich gar nicht reden, da ich nicht einmal Zeit gehabt hätte, sie bloß zu zählen. Was man schon in Pompeji hatte, davon ist das Ende weg, allein schon an Schüsseln und Pfannen. Einige dieser Töpfe schienen mir jedoch früher eine ganz andere Bestimmung gehabt zu haben, als vor den Augen aller honetten Leute auf Tischen herumzustehen. –

Und diese Statuen aus Marmor und Bronze! Manchen Bronzefiguren waren farbige, natürliche Augen eingesetzt, so daß sie den Eindruck machten, als könnten sie sehen. Da dieselben jedoch den Verfall der Kunst andeuten, wie im Buche steht, ging ich ablehnend weiter, obgleich ich innerlich Behagen dran fand, einige schielten sogar ordentlich.

Aus Versehen geriet ich in einen kleinen Saal des Museums, an den ich noch mit Schaudern denke. Vielleicht war die Kliebischen auch darin und hat sich dort ihre Nerven geholt, denn es gehört ein starkes Gemüt wie das meine dazu, um derartige Anblicke zu ertragen. Wo ist Neapels Madai, daß solche Figuren nicht konfisziert werden? Oder man richte separierte Herren- und Damentage ein, damit die Sache wenigstens einen wissenschaftlichen Anstrich erhält. Soviel aber steht fest bei mir, die Pompejaner waren nette Brüder! – Ich war froh, als wir wieder draußen waren. –

Schrecklich ist in Neapel das Gebettel. Nicht nur alles, was blind, lahm oder verkrüppelt ist, fällt die Fremden an, sondern auch die Gesunden verlangen mit ausgestreckter Hand ihren Tribut.

Noch größere Quälgeister der Fremden als die Bettler sind jedoch die Droschkenkutscher. Kaum hat man das Hotel verlassen, so fahren sie auf ihre Opfer zu und zwar so dicht auf den Leib, daß einem die Passage versperrt wird. Ist man einen glücklich los geworden, dann kommt nach kaum zwanzig Schritten ein zweiter, oder es stellen zwei bis drei ein förmliches Wettfahren an, um den Fahrgast zu erwischen.

Dazu klopfen die Stiefelputzer mit den Bürsten gegen ihre Holzkasten und greifen nach den Beinen der Passanten. All dies Volk: die Bettler, die Blumenmädchen, Photographienhändler, Hausierer, das jammert, brüllt und belästigt den ahnungslosen Fremden, daß er sich zuletzt vor Angst in eine Droschke setzt und froh ist, wenn die Räder derselben ihm beim Vorfahren nicht über die Zehen gingen. Mir wurde oft grün und gelb vor den Augen, und doch kann ich nicht leugnen, daß in diesem Gewoge etwas Berauschendes liegt.

Man muß das Volk am Abend in der Strada di Porto sehen. Dort stehen die Ölkessel auf der Straße über dem Feuer, in denen Polypen und Tintenfische brodeln, dort ißt der Neapolitaner seine Makkaroni, die der Koch mit einem Stock aus dem Kessel holt und der Gast von oben, lang herunter in den Mund gleiten läßt. Das Gewühl, der Ölgeruch, bei Lärm, die Musik von Drehklavieren, Guitarren und Mandolinen, die Ausgelassenheit ist unbeschreiblich. Und das geht Tag für Tag, Abend für Abend so.

Wer jedoch keine Makkaroni oder kein Stück Melone erschwingen kann, der kauft für eine winzige Kupfermünze eine Hand voll Kürbiskerne, die er im Umherschlendern zernagt. Erwischt er noch ein Glas eisgekühlten Schwefelwassers, das unten bei Santa Lucia entspringt, und eine halbe Zitrone zum Hineinträufeln des Saftes in das nach faulen Eiern riechende Wasser, dann tauscht er nicht mit einem Berliner Bankier, weil der nach Karlsbad muß, was der Lazzaroni nicht nötig hat.

Wer gar kein Geld hat, sucht die fortgeworfenen Melonenschalen oder die ausgepreßten Zitronen; eine Brotrinde schenkt ihm schon irgendein Garkoch oder der Wirt eines kleinen malporpern Speisehauses. Man ist Almosengeben gewöhnt, und der Arme ist so genügsam und so leicht vergnügt. Er weiß – etwas gibt es doch irgendwo. –“Ich glaube, der größte Reiz Neapels liegt in seinen Menschen,“ sagte ich zu meinem Karl,“denn die Stadt selbst ist eigentlich nicht schön!“ –“Wir müssen sie einmal von draußen ansehen,“ antwortete er.– –

An einem warmen Nachmittage fuhren wir nach Pompeji. Da Onkel Fritz vielfach seinen Geschäften nachging, studierte ich die Reisebücher fleißig, und hatte gefunden, daß wir durch Portici kommen würden.“In Portici essen wir,“ sagte ich,“dort ist gewiß ein Hotel“Zur Stummen“, oder“Zum Masaniello“ mit Orangenterrassen, Aussicht auf den Golf und so weiter.“ – Jawohl. Proste Mahlzeit! Die Enttäuschung!

Neapel fängt nirgends an und hört auch nirgends auf. Die ganze Küste am Golf ist Neapel, und ein elender, langweiliger, schmieriger Teil davon ist Portici. Mitten in dem Schmutz und den Fliegen hängen die Makkaroni zum Trocknen über den Rinnsteinen, aber es geht in den Fabriken sauberer her, als ich vermutete, wenn auch die Teigknetapparate aus ziemlicher Entfernung mit jenem Teil des menschlichen Körpers aus und nieder geschwungen werden, auf dem der Nichtmakkaronibäcker meistens beschaulich zu sitzen pflegt. Den Straßenstaub und die Visitenkarten der Fliegen kann man ja von den langen Mehlteigröhren abwaschen.

Es gibt weder Hotels zur“Stummen“ noch zum“Masaniello,“ sondern nur elende Kneipen in Portici. Dann kommt Resina, dann Torre bei Greco, dann Torre del Annunciata, aber man hält den ganzen stundenlangen Darm immer noch für Portici. Dazu weder Aussicht noch sonst etwas. Nur Staub, Häuser und hohe Gartenmauern, über die blühende Bäume ihre

Kronen wie zum Hohn herüber strecken. Nach zwei Stunden hielten wir vor dem Hotel Diomedes, durch das der ahnungslose Fremde Pompeji betritt. Räuberhöhle.

Hier schalte ich nun einen leicht faßlichen Brief an die Töchter ein.

Liebe Kinder!

Gestern waren wir in Pompeji. Es ist nur für Erwachsene. Mit den seltsamsten Gefühlen schritt ich, nachdem Papa vier Lire für uns erlegt, durch den Drehzähler die Stufen hinab bis zum alten Hafentore, das jetzt trocken liegt und den Haupteingang Pompejis bildet. Als wir durch dasselbe gegangen waren, deutete unser Führer auf das Straßenpflaster, und dort sahen wir nun die Radspuren, welche die Wagen vor mindestens zweitausend Jahren gemacht hatten. Dies war ergreifend. Darauf sahen wir die Leichenabgüsse, worunter auch ein Hund. Das arme Tier wurde von dem Aschenregen erstickt, es muß schrecklich ausgehalten haben. Ein Geizhals, der seine Schätze retten wollte, kam ebenfalls um. Man muß seinen Sinn nie zu sehr an den Mammon hängen, denn dann verunglückt man. Ihm ist schon recht geschehen.

Dann sahen wir den Brunnen, an dem deutlich die Spuren zu erkennen sind, wie die Pompejaner daraus tranken, denn der Marmormund, aus dem das Wasser floß, ist halb hinweggetrunken, wie die große Zehe des Petrus in der Peterskirche hinweggeküßt ist. Könnt Ihr Euch denken, daß man uns beinahe zweitausend Jahre altes Brot zeigte, das noch im Backofen war, als Pompeji verschüttet wurde, und das man jetzt erst auffand? Es ist ganz schwarz geworden und natürlich nicht mehr zu essen.

In dem Isis- oder Ibistempel haust ein Photograph. Wo früher der Opferaltar stand, wird man an den Kopfhalter geschnallt, und in dem geheimen Keller, wo das Orakel murmelte, werden jetzt die Platten präpariert.

Die Engländer ließen sich fleißig abnehmen, um einen

Beweis zu haben, daß sie wirklich in Pompeji gewesen sind. Eure Mutter, liebe Kinder, verschmäht solche Mittel, die ja auch bei der Bergfeldten vergebens wären, denn was weiß die vom Ibis?

Ich werde Euch von Pompeji mündlich mit Auswahl mehr erzählen; im übrigen könnt Ihr mir glauben, daß die Pompejaner ziemliche Ferkel waren, und wenn ein Strafgericht über die Gesellschaft hereinbrach, sie es redlich verdienten. Doch Ihr seid noch zu jung, um dies zu verstehen. Daß die Zeitungen, welche doch sonst über die öffentliche Moral wachen, damals solche Wandgemälde und Mauerverzierungen geduldet haben, wie sie dort noch der Schrecken der ehrbaren Gatten sind, begreife ich nicht. Die Presse muß sehr herunter gewesen sein. Vielleicht haben die Redakteure auch nicht gewagt, ein Wort zu sagen, weil sie selbst keine Engel waren, wie heutzutage, wo alles an ihnen tadellos ist bis auf das schlechte Papier, und gingen ebenfalls auf den Wegen der Gottlosen. Liebe Kinder, es war die höchste Zeit, daß Pompeji unter Asche kam. So konnte es nach meinen Gefühlen nicht weiter gehen.

Ihr müßt nun nicht denken, daß Pompeji eine Schachtel von Spielzeug ist. Nein, es ist fast ebenso groß wie Spandau, nur daß es anders aussieht und weder Militär noch sonst Einwohnerschaft darin ist. Alles tot und still. Die Häuser haben keine Dächer, die Türlöcher haben keine Türen, nur die Wände stehen, und Sonne und Mond scheinen in die Ruinen. Beinahe könnte man glauben, Pompeji wäre in der Gründerzeit angefangen und gleich nach dem Krach, noch ehe die Häuser unter Dach waren, verlassen worden. Deshalb macht Westend bei Berlin an einigen Stellen einen durchaus pompejanischen Eindruck;

den Ausblick auf den Golf, auf die im Abendrot erglühenden Berge und den alten Speiekel, den Vesuv, muß man sich jedoch dazu denken. ? Papa ist gesund wie ein Fisch; er läßt ebenso herzlich grüßen wie Onkel Fritz. Übermorgen besteigen wir den Vulkan. Es wird großartig!

Eure Euch innig liebende Mutter.

P.S. Wir haben uns jetzt schon so sehr an das Italienische gewöhnt, daß ich mich mitunter wirklich auf einen deutschen Ausdruck besinnen muß. Ich fürchte, wenn ich retour bin und in einen Laden gehe, ich frage wahrhaftig:“ Quanto costa? “

Addio! – Rivederci!

Eure la madre.

Unser Führer empfahl uns in seinem trümmerhaften Deutsch, im Albergo bei Sole, draußen vor Pompeji zu speisen, und gab uns den Bescheid, baß zwei Wege auf den Vesuv führen: die Funiculi oder Drahtbahn zu 25 Lire die Person und eine neue Führergesellschaft in Torre Annunciata, das Pferd zu sieben Lire. Die Bahn sei bequemer, aber wir sollten bedenken: 75 Franken für drei Personen!

„Wilhelmine," sagte mein Karl,"ich wäre für das Bequeme, aber wenn du wüßtest, wie viel Überfracht unsere Koffer gekostet haben ..."

„Karl, rede nicht von den Koffern, sie waren eine Torheit. Mein Kleid ist total hin, und wer trägt hier weiße Anzüge? Kein Mensch, denn auf den Straßen brät man, und in den Häusern, Kirchen und Museen ist es eiskellerhaft kühl, da muß man sich ja etwas holen, wenn man keine Wolle an hat. Und warum behalten die Italiener in den Cafés und Restaurants den Hut auf? Um sich den Schädel, der draußen angewärmt wurde, drinnen nicht zu erkälten. Das helle Sommerzeug war meine Eitelkeit. Hat es unmenschliche Überfracht gekostet, so bin ich gern bereit, zu büßen und auf Bequemlichkeit zu verzichten."

„Du bist manchmal doch recht vernünftig, Wilhelmine," lachte mein Karl und klopfte mir zärtlich auf den Nacken,"überdies ist eine Besteigung des Vesuvs zu Pferde viel echter als mittels Drahtbahn. So eine moderne Einrichtung paßt auf den alten Berg wie der Igel auf den Lehnstuhl."

Wir speisten bei dem biederen Sonnenwirte vorzüglich, und als uns das Fremdenbuch vorgelegt wurde, fanden wir, daß viele Leute, und darunter manch Wohlbekannte und Berühmte, sich dort schon vor uns behaglich gefühlt hatten und sich veranlaßt sahen, das Lob des jovialen Mannes, seiner aufmerksamen Familie und seiner Küche in Poesie und Prosa zu vermerken. Daß die Fliegen ebenso häufigen Tadel fanden, wie der Solewirt Anerkennung, begriff ich vollkommen. Frecher als hier und zahlreicher sind sie mir nie begegnet. Es war freilich ein Kapuzinermönch da, der die Bande von Zeit zu Zeit mit einem Busch zu verjagen suchte, wofür er ein kleines Geschenk erhielt, aber ich glaube, die Fliegen wußten recht gut, daß der Mönch über die Schließung seines Klosters ein bißchen von seinem Verstand eingebüßt hatte, denn je lustiger er hüpfte und mit dem Palmenzweige wedelte, um so zudringlicher wurden sie.

Ich schrieb uns, wie immer, in das Fremdenbuch ein: Signor Carlo Buchholzio con moglie di Berlino, Strada Landsbergia, weil die meisten Deutschen es so machen. Herr Kliebisch schrieb auch stets: Signor Klibicio con moglie di Weimersdorfio in Pommerania. Onkel Fritz nannte das albern, aber wenn man im fremden Lande ist, muß man doch Sitten und Gebräuche mitmachen. Meyerbeer schrieb sich auch Giacomo, obgleich er ein Berliner Kind war und Jacob hieß.

Von Hausierern kauften wir allerlei Korallen- und Lavaschmuck für die Kinder zu erstaunlich billigen Preisen. Wenn sie drei Lire verlangten, bekamen sie schließlich eine, so famos hatte ich schon das Handeln gelernt.

Auch in dem Gemüsegarten des Sonnenwirts fand sich, wie überall, nur spärliches Unkraut, und hier sollte mir klar werden, warum es so sorgfältig ausgerissen wird: man gibt es nämlich den Pferden und Eseln zu fressen. In einem elenden Schuppen am Ende des Gärtchens standen Pferd, Esel und Maultier beieinander, kaum vor Wind und Wetter geschützt, und in der Krippe lag frisch von den Beeten entferntes Unkraut zum Knabbern. Ich holte den armen Geschöpfen die Brotreste von unserem Mahle. Wie sie mich ansahen, als ich ihnen dieselben gab und ihren Hals streichelte! Pferd und Esel bekommen nirgends mehr Schläge in der Welt als in Italien, zumal in Neapel. Auf die blutenden geschwürigen Wunden schlagen die Treiber ohne Erbarmen mit den dicksten Knüppeln, wenn die überlasteten Tiere nicht mehr vorwärts können, daß es eine Schande ist. Und wenn das Pferd oder Maultier fällt, dann verarbeiten sie es zu Wurst. Erst in diesem Zustande haben die armen Biester Ruhe vor Hieben. –

Am folgenden Morgen besuchten wir das Aquarium der zoologischen Station. Es soll das schönste der Welt sein, weil es immer mit frischen Seetieren aus dem Mittelmeer besetzt wird. Ich verstehe nicht viel von der Zoologie, aber als ich mir so dachte, daß die Behälter doch eigentlich nur kleine Proben von dem Tierreichtum des Golfes seien, daß in seinen Tiefen ein Garten gedeiht, dessen farbige Pflanzen aus Seerosen, Neptunsfächern, Korallen und was weiß ich, bestehen, in welchem grausige Polypen, Tintenfische, Seepferde, Krebse, Seespinnen, buntschillernde Fische und seltsame andere Geschöpfe Beute suchen, während die wunderbarsten Quallen, klare, rosige, blaue, glatte, gefranste und ganz phantastisch geformte durch das Wasser treiben wie

Schmetterlinge durch die Luft, kam ich mir schrecklich unwissend vor und gelobte mit, baldigst nach der Rückkehr Brehms Tierleben anzuschaffen und mit den Kindern fleißig das Berliner Aquarium zu besuchen, einerlei, ob der Schlangendoktor Hermes einen neuen Affen hat oder nicht. Wenn der Mensch eine Lücke in seiner Bildung entdeckt, ist es seine Pflicht, sie zuzustopfen. Schade ist, daß die Seerosen sich nicht außerhalb des Wassers halten, denn etwas Reizenderes zum Garnieren der Hüte läßt sich kaum denken. Namentlich die blaßgrünen mit dem bräunlichen Anflug sind sehr modern in der Farbe, und deshalb wäre es sehr wichtig, wenn die Wissenschaft so lange forschte, bis man die Seerosen gebrauchen könnte. Auch für ältere Damen würden sie ausgezeichnet passen.

Herr Dr. Schmidtlein, unter dessen Leitung das Aquarium der Station steht, war so liebenswürdig, uns auf manche Seltenheit aufmerksam zu machen. Wenn ich etwas nicht recht verstand, sagte ich:“Außerordentlich interessant.“ Damit kommt man in Museen, Galerien, Aquarien usw. sehr schön durch und gilt, wenn man weiter keinen Ton redet, für ungemein gelehrt. Der Doktor führte uns vor ein Bassin, vor dem er meinen Karl und Onkel Fritz ersuchte, den Hut abzunehmen. Als dies geschehen, holte er eine Handvoll Sand aus dem Bassin und zeigte uns kleine silberschimmernde Fische darin.“Dies ist der Lanzettfisch,“ erklärte er,“nach Darwin und Haeckel der Urstammvater des Menschengeschlechtes. Sie werden zugeben, meine Herren, daß man seinem Ahnherrn Ehrfurcht schuldig ist.“ ? Infolgedessen machte ich einen tiefen Knix vor dem Fischlein, konnte aber doch nicht unterlassen zu fragen:

„Warum ist denn der Fisch ein Fisch geblieben und nicht auch Mensch geworden?“ ?“Wahrscheinlich weil ihm der Trieb zu Höherem fehlte!“ ulkte Onkel Fritz mich an. ?“Er repräsentiert die unterste Stufe des Wirbeltierreiches,“ sagte Dr. Schmidtlein,“denn er besitzt nur einen sogenannten Rückenmarksstrang und kein Gehirn.“ ?“Außerordentlich interessant,“ sagte ich. ?“Da hätte er ja ganz gut Zollbeamter werden können,“ bemerkte mein Karl,“wenigstens wäre es dann erklärlich, warum

Schinken für Leinwand, Tinte für Glas und Pökelfleisch für lackierte Eisenwaren angesehen werden.“ –“Geschieht denn das irgendwo in der Welt?“ fragte der Doktor. –“O ja,“ erwiderte mein Karl,“im Lande der Denker wird auch manchmal beizugedacht.“ –

Wir verließen das belehrende Aquarium, frühstückten (ich hatte den Fleischextrakttopf immer bei mir) und fuhren am Nachmittage nach Camaldoli. Nun erst begriff ich die unaussprechliche Schönheit Neapels, als ich von dem Klostergarten einen Teil der Stadt und den Golf zu meinen Füßen sah, wie das feierliche Rom vom Janiculusberg. Hier jauchzt die Natur; sie atmet und glüht wie ein jugendfrisches Weib im fröhlichen Tanz am Arm des Geliebten. Meilenweit schweift der Blick über das Meer mit seinen Inseln, über den Fruchtgarten mit den zahlreichen Ortschaften, den man das glückliche Campania nennt, und in der Feme erhebt sich der Vesuv mit der dunstigen Rauchsäule, die sich mitunter wie eine schmale Wolke weit über das Land zieht. An der anderen Seite sieht man Pozzuoli mit der Solfatara, die auch dampft und als ein Junges vom Vesuv gelten kann. Dort liegt auch Cumae mit der Grotte der Sibylle, welche die älteste Wahrsagerin mit vielfachem Eintreffen war, die Hundsgrotte und Bajä, der Lustort der alten Römer, mit seinen Trümmern, wo jetzt die Bettelei größer ist als einst die wahnsinnige Verschwendung. Der Posilipp trennt dieses Stück Armut und Schwefelboden von Neapel. Auf dem Posilipp wachsen unsagbare Mengen von Wein, den die Franzosen holen, um Bordeaux daraus zu machen. Wir mochten ihn nicht, denn wir sind nicht wie die Bergfeldten, die nur dann die Butter gut findet, wenn sie nach dem Faß schmeckt, und dankten für den Wein, der sich gratulieren könnte, wenn er seinen Geschmack nur vom Faß hätte. Multrig ist noch zu anständig dafür.

Über die Armut, die Trümmer und die in dem feuerunterwühlten Boden schlummernden Gefahren macht sich der Neapolitaner jedoch keine Gedanken, da er sich an diese Beigaben zu dem Stück auf die Erde gefallenen Himmels eben so gewöhnt hat wie an den schlechten Posilippwein. Ihm gilt nur das lachende Heute, was scheren ihn graue Vergangenheit und ungewisse Zukunft?

Einer der Mönche brachte uns Erfrischungen, goldigen Wein, Orangen und Mispeln. Ich ließ ihn von Onkel Fritz fragen, ob nicht hier oben in all der Herrlichkeit das Glück wohne? Der Alte schüttelte wehmütig sein graues Haupt.“Das Glück hat keine Stätte,“ gab er zur Antwort,“wir sind nur glücklich, so lange wir es suchen.“ ? Von der Klosterkirche ertönte ein silberhelles Glöcklein. Der Mönch grüßte uns freundlich und schritt auf einem rebenbeschatteten Seitenwege langsam dem Kloster zu, indem er die Kügelchen seines Rosenkranzes durch die welken Hände gleiten ließ. ? Wir blieben noch und sahen, ohne viel zu reden, in die Ferne, auf das Meer, auf die Stadt und die blühenden Gebüsche an den Abhängen. Es war so träumerisch, so still wie eine Mondnacht am Tage. Nur ungerne trennten wir uns von diesem Orte friedlicher Rast, denn unser Hotel lag in dem tobenden, heulenden Neapel, und dort mußten wir hin, da die Schatten bereits abendlich länger wurden.

Je mehr wir uns Neapel auf dem Rückwege näherten, um so deutlicher vernahmen wir den gewohnten Lärm der Stadt, bis wir, aus Ruhe und Frieden kommend, uns wieder mitten in dem lauten Leben befanden. – Wir hatten noch Zeit, den Platz zu besuchen, auf dem Carl von Anjou Conradin, den letzten Hohenstaufen, enthaupten ließ. Und Deutschland mußte ohne Murren diesen Faustschlag ins Gesicht von dem Franzosen hinnehmen, weil es erbärmlich schwach und uneins war. Mein Karl ward sehr ernst, als wir vor dem Brunnen standen, der auf der Stelle sprudelt, wo damals das Schaffot errichtet war, von dem der jugendliche Kaisersproß tränenerstickt rief:“O, meine Mutter, welches Leid bereite ich dir!“ –“Das Blut, welches hier vergossen wurde, wäscht kein Wasser der Erde hinweg!“ sagte mein Karl bewegt,“wenn die Schmach auch gesühnt ist. Niemand darf fürder wagen, Deutschland ungestraft zu kränken. – Gott segne dich, mein Hohenzollernhaus!“

Es scheint, als wenn dieser Platz, auf dem auch Masaniello loswiegelte, etwas Verrufenes an sich hat. In denselben münden viele enge und schmutzige Gassen, in denen Mord und Totschlag, Diebsgesindel und Verbrecher wohnen, die ihr Geschäft gründlichst verstehen. Mir wurde erzählt, daß einst, als Zigeuner in der Nähe Neapels Halt machten, ihnen von Neapolitanern ein Pferd gestohlen worden sei. Das war ihnen noch nie passiert, weil die Zigeuner doch seit undenklicher Zeit ein Patent auf das Stehlen haben. Der Hauptmann der Bande ist denn auch tiefsinnig darüber geworden und nie wieder so recht zu sich gekommen. Man kann denken, wie wenig behaglich wir uns fühlten, aber ein Carabiniere gesellte sich zum Schutze zu uns, da es bereits dämmerte, und brachte uns unangefallen bis zum Hotel. Beim Pranzo aß ich Tintenfisch, ohne daß ich es ahnte. Erst nach Tisch sagte Onkel Fritz mir, was die gebackenen Ringelchen gewesen seien. Da gleichzeitig eine Engländerin auf dem verstimmten Flügel im Damenzimmer ein sich ihr widersetzendes Stück zu spielen versuchte, daß es einen Hund jammern konnte, zog ich mich schleunigst zurück und gedachte mitfühlend der Kliebisch. – Ganz so krank wie diese wurde ich jedoch nicht. Die Naturen sind ja auch verschieden. –

Länger als bis fünf Uhr schläft Neapel nicht. Dann erwacht es allmählich. Einzelne Schreier fangen an, ihnen folgen mehrere, und um sieben Uhr früh ist das Gerase von gestern wieder im Gange, um bis nach Mitternacht anzuhalten. Am Tage und am Abend sind die Neapolitaner auf der Straße, die Häuser dienen ihnen nur als Schlafstellen. –

Wir mußten rechtzeitig aufstehen, um gegen sieben Uhr in Torre Annunciata bei den Vesuvführern zu sein. Heute wollten wir den alten Schornstein der Unterwelt besteigen.

Ich glaube, man kann sich an alles gewöhnen, an das Meer, an den Wald, an das Hochland, an die Ebene, aber gegen einen Berg, aus dem bei Tage Rauch aufsteigt und bei Nacht Flammen herausschlagen, wird man nie gleichgültig werden. Wer weiß auch, was das Ungetüm vor hat, ob es zivilisiert sein oder im nächsten Augenblick Fluren und Ortschaften verwüsten, Menschen und Tiere vernichten will? Feuer ist immer eine gefährliche Sache, wenn man es nicht in der Gewalt hat.

Wenn bei Tage die Ferne dem Vesuv einen blauen Duftmantel umhängt, wenn ihn am Abend die untergehende Sonne orangegelb färbt und die Dämmerung seine Schluchten mit tiefem Violett anfüllt, dann macht er sich wunderschön mit der Rauchsäule auf dem Gipfel, die bald steil in die Höhe steigt, bald seitwärts vom Winde weggetrieben wird, als wäre er eine harmlose Räucherkerze der Natur.

Aber wenn es dunkelt! – Dann erglüht der Qualm von der zeitweilig im Krater aufsteigenden Lava wie Lohe, und alle fünf bis zehn Minuten zeigt sich oben auf dem Berge eine unheimliche Glut. In ganz finsterer Nacht, wenn selbst die Umrisse des Gebirges nicht mehr zu erkennen sind, glimmt hoch in der Luft ein Feuerschein auf. Er nimmt an Größe und Helligkeit zu, erblaßt allmählich und erlischt dann gänzlich. Nach kurzer Pause wiederholt sich dieselbe Erscheinung, etwas schwächer oder etwas stärker, aber stets gleich gespensterhaft beunruhigend. Man sucht den Berg mit den Augen, wo er nur habhaft zu werden ist, von der Ankunft in Neapel bis zum letzten Blick auf den Golf und seine paradiesischen Ufer. Es ist, als wenn er einen verhexte: man muß hinauf.

Die Bahn nach Torre geht am Ufer entlang; man hat ihr einen Weg durch einen erstarrten Lavastrom hauen müssen, der vom Vesuv herunter in das Meer floß, daß es hoch aufkochte und vierhundert Menschen tötete. Dagegen hilft kein Regenschirm, und auch von Staats wegen stehen sie machtlos da.

Die Neapolitaner sagen: Neapel begeht die Sünden, aber Torre muß sie bezahlen. Und so ist es auch, denn Torre bei Greco, Torre dell' Annunciata, Portici und Resina haben am meisten von den Ausbrüchen zu leiden. Es muß aber auch schaudervoll sein, wenn man vor Asche in der Luft nicht die Hand vor Augen sehen und den Weg nicht finden kann, während glühende Lava die Ortschaften erreicht und alles in Flammen setzt, was brennbar ist, und die Häuser wackeln und umfallen.

„Na," sagte ich,"wenn er nur so lange ruhig bleibt, als wir oben sind, dann geht es noch!"

In dem Führerbureau trafen wir Gesellschaft. Natürlich Leute aus Berlin, die auch hinauf wollten. Wir wurden gleich miteinander bekannt. Der eine Herr war Professor Paulsen, der berühmte Maler, und der andere Dr. Julius Stinde. Der kannte mich nun, und ich kannte ihn dem Namen nach, weil wir ja beide zuweilen für Schorers Familienblatt schriftstellern, das auch in Neapel zu haben ist. Da lebt man nun in ein und derselben Stadt und sieht sich erst persönlich am Fuße des Vesuvs. Berlin ist eben zu sehr Weltstadt.

Ich sagte gleich zu ihm:"Herr Doktor, nun müssen Sie mich belehren, denn ich werde ein Buch über Italien schreiben und wenn ich da hinein einen Schuß Wissenschaft geben könnte, würde das von stupender Nützlichkeit sein. Sie glauben gar nicht, wie die Wissenschaft jetzt in Mode ist."

Der Doktor bedauerte, daß er seine Bücher nicht bei sich habe und somit außerstande sei, meinen Wünschen zu entsprechen, aber ich ließ nicht locker und fragte, ob er gern Gänsebraten äße? Als er dies mit einem appetitlichen Lächeln bejaht hatte, sagte ich:"Nächsten Herbst lade ich Sie zu einem Gänsebraten ein, wie die Buchholzen ihn macht. Sie kommen doch?" –"Gans? ... O gewiß?" –"Schön, dann bringen Sie Ihre Bücher nur mit, das übrige findet sich beim Ausfegen." – Es liegt ja alles daran, wie man die Menschen behandelt.

Daß der Doktor nicht so unhöflich sein würde, mir einen Korb zu geben, wußte ich im voraus, denn niemals habe ich gesellschaftliche Strafpredigten von ihm gelesen, mit denen er seinen Umgang in öffentlichen Blättern wegen ungebildigter Benehmigung herunterputzt. Somit durfte ich einige Kultur bei ihm voraussetzen. –

Nachdem bei geschäftliche Teil im Bureau erledigt war, wurden wir in eine abgelegene Seitenstraße geführt, wo die Pferde unserer warteten. Hätte man uns die Tiere vorher gezeigt, so würden wir verzichtet haben, denn es waren richtige Unkrautmähren, die den Eindruck machten, als wenn sie Hafer nicht fressen würden, weil sie ihn nie kennen gelernt hatten.

Für mich war ein Schimmel mit Damenreitzeug reserviert. Aufrichtig gesagt, seitdem ich als Kind bei Griebenows mitunter für'n Sechser Esel ritt, war ich nie wieder in den Sattel gekommen und hätte deshalb gerne die Tour aufgegeben; aber größer als meine Beklommenheit war die

Furcht, der Doktor könne mich in die Zeitung bringen und die Bergfeldten von meiner Zaghaftigkeit erfahren. Lieber das Genick brechen!

Ich kam jedoch besser in den Sattel, als ich dachte, aber als ich glücklich saß, stellte sich heraus, daß das Roß nicht so wollte wie ich. Statt rechts, ging es links und statt vorwärts rückwärts, als wenn ihm die Vorderbeine hinten eingesetzt wären, bis es mich zum Ergötzen des Publikums gegen eine Gartenmauer drückte, was um so unangenehmer war, als ich kein richtiges Reitkleid anhatte.

„Bedenke doch, daß der Gaul nicht dein Karl ist!“ rief Onkel Fritz mir zu,“und lasse ihm mehr Freiheit.“ Meine Lage war leider zu unbehilflich, als daß ich ihm geeignet mit Verachtung antworten konnte.

Der Führer, ein älterer, besonnener Mann, nahm mein Roß am Zaum und leitete es, indem er mir die Zügel in den Händen lockerte und andeutete, daß ich das Pferd nicht zu straff halten dürfe. Dabei rief er: piano, piano, als sollte ich Klavier spielen lernen und nicht das Reiten. Das Tier verstand ihn aber ganz gut.

Nach zehn Minuten waren ich und das Pferd ein Herz und eine Seele; ich hätte Gastrollen bei Renz geben können. Nun machte mir die Tour erst recht Spaß. Hoch zu Roß durch die Weingärten, in denen der Lacrymae Christi wächst, an Bauernhäusern vorbei, an Oliven- und Walnußwäldchen, unter dem blauen, wolkenlosen Himmel am frühen Morgen. Das war eine Lust!

Wir bildeten eine stattliche Karawane. Voran der berittene Führer, dann wir fünf Reisende zu Pferde, mit dem Führer zu Fuß und einem Dutzend großer und kleiner Bengel, welche sich für Pferdetreiber ausgaben und unser bißchen Lebensmittelgepäck trugen, jeder ein Stückchen.

Und fidel war die Horde! Sobald wir durch ein Dorf kamen, wurden wir von Alt und Jung mit Indianerfreudengeheul begrüßt, das unsere Lumpengarde in gleich ohrenzerreißender Güte erwiderte. Dann sausten die Stöcke auf die Pferde nieder, daß sie erschreckt einen Satz machten, und im Trab durch den Ort trotteten. Mir war, als sollten die Sätze meines Harttrabers mir das Herz abstoßen, aber soviel ich mich auch verwahrte, sobald wir ein Dörflein passierten, mußten die Rosinanten ihre Lauffähigkeit zeigen. Nach einer halben Stunde fühlte ich bereits sehr, daß ich im Sattel saß.

Wir kamen durch einen Ort, der Bosco tre Case heißt, weil die Lava ihn bis auf drei Häuser gänzlich zerstörte. Dort hielten wir, labten uns an dem herrlichen Vesuvwein, von dem wir etliche Flaschen erstanden, um oben bei dem Krater ein Wort mit ihnen zu reden.

Nach und nach wurden die Weingärten kümmerlicher, und dann breiteten sich die braunen, leeren Lavafelder vor uns aus, die allmählich bis zum Aschenkegel ansteigen, der immer größer, immer steiler erscheint, je näher man ihm kommt.

Endlich erstirbt jegliche Vegetation; kein Strauch, keine Pflanze, kaum ein Grashalm sprießt auf dem Lavaboden, kein Vogel besucht diese Öde. Wir sind auf einer Brandstätte, ohne Leben und Regung. Man könnte beinahe glauben, sämtlicher Kaffeesatz der Welt wäre hier auf einen Haufen gekarrt, so bräunlich und krümelig sieht die verwitternde Lava aus.

Wären nur die entsetzlichen Treiber nicht. Wenn das Pferd, mühevoll steigend, langsamer geht, schlagen sie es heimtückisch mit dem Stock und schreien mit entsetzlicher Stimme:"Hrrah, Makkaro, hrrah!" als kriegten wahnsinnig gewordene Esel ihre Zufälle. Dann macht das geängstete Tier einen Satz, und die Buchholzen fliegt in die Höhe und wieder auf ihren Sitz zurück, daß ihr die Rippen knacken und ihr der Atem ausbleibt. Die Bengel aber hängen sich zu zweit und zu dritt an den Schwanz des Pferdes und lassen sich eine Strecke ziehen, bis es wieder zu kriechen anfängt. Und so ohne Aufhören immer zu. Mir lief schließlich die Galle über.

Ich bat meinen Karl um seinen Stock, und als ich den hatte, schlug ich den Rangen auf die Finger, sobald sie nur Miene machten, meinen Zelter anzurühren. Das half. Sollte das Roß sich ein wenig eilen, brauchte ich nur"hrrah, Makkaro, hrrah!" zu schreien, und vorwärts kletterte es. Die Pferde und Maultiere haben dort keine Namen wie bei uns, sondern heißen schlichtweg"Makkaro", bis sie als"Salami" auf den Markt kommen.

Für ein Geschöpf, das nur zum Quälen da ist, sind ja auch Schmeichelnamen überflüssig; es geht ihnen wie Waisenkindern, die nennt auch niemand mein Herzblatt und mein Liebling. –

Wir ritten zu, und zwar um so langsamer, je höher wir kamen. Nach etwa drei Stunden hielten wir am Fuße des Kegels und genossen die Aussicht, die gewiß noch herrlicher gewesen wäre, wenn man ein wenig sanfter auf den Pferden gesessen hätte, denn ebenso wie zu enge Schuhe den schönsten Tanzball verderben, schmälern zerrüttete Gliedmaßen den kostbarsten Naturgenuß, wenn auch in diesem Falle dem Gesichte ja keinerlei Schaden zugefügt worden war. Aber ist der menschliche Organismus nur allein Antlitz? – Ich fragte den Doktor, wie er sich befände. – Er meinte: vorzüglich. – Ich bin aber fest überzeugt, daß er ebenso froh war, von dem Makkaro herunter zu kommen, wie ich.

Doch die eigentlichen Beschwerden kamen noch erst. Die Pferdearbeit war zu Ende, denn der Kegel ist eine gehörige Ecke bis oben hinauf und so steil, daß der Mensch ihn eigenfüßig besorgen muß, wenn er den Qualm in der Nähe betrachten will, der in dichten Wolken von graubrauner Farbe unaufhörlich aus dem Krater wirbelt. Der Kegel selbst ist ein Haufen von Bimssteinstückchen, in den der Fuß mit jedem Tritt einsinkt. Drei Schritte hinauf und zwei Schritte zurück, anders kommt man nicht vorwärts.

Noch schlimmer als Asche und Geröll sind die Wegelagerer, die sich anbieten, den Fremden für teures Geld hinaufzuziehen oder auf Tragsesseln hinaufzutragen. Dreißig Lire für einen Sessel konnte ich jedoch wegen der Kofferüberfrachten nicht bewilligen, und einen Mann zum Ziehen mochte ich nicht nehmen, weil er zu fürchterlich roch, als er mir nahe kam. Wir also hinein in den Bimsstein.

Je höher wir hinaufkeuchten, um so heißer wurde die Angelegenheit. Von oben brannte die Sonne, von unten heizte der Berg, dazu das mühsame Gewate in dem Geröll ohne Halt.

Ich äußerte diese Meinung dem Doktor gegenüber und fragte ihn, ob sein Forschungstrieb nicht so groß sei, daß er Lust hätte, sich einmal an einer eisernen Kette in den Krater hinabzulassen, worauf er ganz trocken mit“Nein“ antwortete. Müßte es jedoch sein, dann nur in meiner Begleitung.

„Doktor!“ rief ich entsetzt,“wie können Sie verlangen, daß ich in dem Glutkessel lebendig verbrennen soll?“

„Nun,“ entgegnete er, furchtbar harmlos aussehend,“ich dachte, Sie hätten ein so großes Interesse an der Wissenschaft, daß es Ihnen auf ein paar Quadratfuß Brandblasen nicht ankommen würde!“ –

„Wo denken Sie hin?“ erwiderte ich,“die Wissenschaft ist doch hauptsächlich dazu da, um uns Damen zu unterhalten und uns den Erdball einigermaßen interessant zu machen!“ –

Der Doktor wurde noch harmloser aussehend und sagte dann nach einer Pause:“Sie haben recht, man kann die Wissenschaft fast kaum mehr vom Amüsement unterscheiden, aber deshalb ist es doch nicht nötig, daß die Gelehrten ihr Leben ebenso unnütz aufs Spiel setzen wie ihren Ruf.“ –

Ich muß bekennen, daß ich nicht recht verstand, was der Doktor damit sagen wollte, ich vermute aber mit Bestimmtheit, es war eine Bosheit.

In der sengerigen Umgebung sah ich mich jedoch zu einem Disput nicht veranlaßt; wo Vulkane das Wort führen, muß der Mensch schweigen. Außerdem rumorte der Berg in höchst ungemütlicher Weise, aber da er sozusagen ein Neapler Kind ist, kann man ein ruhiges, gesittetes Betragen wohl nicht gut von ihm verlangen. Der Doktor hatte noch die Güte, mir zu erzählen, daß bei dem Ausbruche des Vesuvs am 26. April 1872 der Kegel sich plötzlich an der Seite gespalten und eine Anzahl von Besuchern, welche dem Schauspiel in der Nähe zusehen wollten, mit Lava zu Tode verbrannt habe, wodurch mein ohnehin schwankendes Sicherheitsgefühl bedenklich sank. Die hoch aus der Luft herabfallenden Steinchen, von denen einige auch uns trafen, der heiße Boden und der Schwefeldunst verjagten uns bald, doch ehe wir gingen, rief ich:“Meine Herrschaften, bitte noch einen Augenblick. Sehen Sie hier diese Skatkarten, denen ich geschworen habe, sie dahin zu senden, wohin sie gehören ... in die Hölle!“ Bei dem Wort“Hölle“ schleuderte ich das Onkel

Fritz heimlich ausgeführte Kartenspiel in den schmauchenden Abgrund. – Onkel Fritz rief entrüstet:“Wilhelmine, du bist – –,“ aber weiter kam er nicht, denn in demselben Moment krachte es im Innern des Kraters so unerhört heftig, daß der Boden unter unseren Füßen erzitterte und uns ein Hagel von ziemlichen Brocken überschüttete. Ich gab nicht schlecht Fersengeld und machte, daß ich herunter kam, denn ich glaubte, der Berg wollte sich wieder einmal spalten und mich in die glühende Lava kriegen. Mir schlotterten die Knie noch lange Zeit nachher. Wohin der Vesuv die vier Wenzel gespien hat, das wird auch wohl, wie der Vulkanismus, ein ewiges Rätsel bleiben.

Die Rücktour in den zerfetzten Schuhen mit mürbe gesengten Sohlen durch die scharfkantige Asche war eine Pönitenz, aber doch gewissermaßen eine Annehmlichkeit gegen den darauf folgenden Ritt auf der Mähre, die sich eher zum Kontorbock als zum Reitpferd eignete. Bei jedem Stoß bereute ich die Koffer, denn so mürbe wie das Makkaro hätte mich die Seilbahn sicherlich nicht gearbeitet.

Erst als wir in Neapel im Restaurant al Vermouth di Torino an dem gedeckten Tisch saßen und der Malersmann Paulsen uns aus einer mindestens fünf Liter haltenden Flasche mit Chianti versorgte, überkam uns das Bewußtsein der Menschlichkeit. Mein Karl speiste eine gebratene, auf einer Unterlage von Risotto servierte Wachtel. Ich fragte:“Wie schmeckt sie?“ Er antwortete:“Die kann der ärmste Mensch essen.“ – Da ließ ich mir auch eine geben.

Weil der Professor und der Doktor beabsichtigten, am anderen Morgen nach Capri zu segeln, und mir daran lag, den letzteren für die Herausgabe meines Buches zu gewinnen, sagte ich, daß wir denselben Plan hätten. Hierauf sprachen wir viel über Wissenschaft und Kunst. Als ich den Professor Paulsen fragte, warum man jetzt keine Madonnen mehr malen könnte wie die alten Meister, strich er den Bart und sagte, er hätte es nur noch nicht versucht. Dann fragte ich ihn leise, ob er mich wohl heimlich malen würde, damit ich meinen Mann zum Geburtstage mit meinem Porträt überraschen könnte, aber gerade so reizend wie ein Bild, das ich von ihm auf der Ausstellung gesehen und worüber man allgemein begeistert war. Als er dies bejaht hatte, beredeten wir das nähere für später, und auch im Preise ließ er sich human finden. –

Natürlich störte Onkel Fritz die Unterhaltung, denn er war in einen Laden gegangen und hatte ein neues Spiel Karten gekauft.

Ich brach daher mit meinem Manne rechtzeitig auf. Mit wurde der Gang nach dem Hotel mit den geräderten Gliedmaßen sehr sauer, denn jetzt, nachdem ich eine Zeitlang in Ruhe gesessen hatte, spürte ich erst recht die Wirkung von dem Ritt. Es zog mir bis oben in die Schulterblätter."Karl," stöhnte ich,"wenn du doch ein wenig Franzbranntwein zum Einreiben besorgen könntest." –"Weißt du denn, wie der auf italienisch heißt?" –"Schlage doch im Taschenlexikon nach." –

So emsig mein Karl auch suchte, Franzbranntwein stand nicht darin. Er wußte allerdings manche Vokabel, wie: il moccatojo, die Lichtputze; il pozzo, der Ziehbrunnen; la nuora, die Schwiegertochter, und viele andere Worte aus seinem Lernbuche, aber Franzbranntwein hatte er noch nicht gehabt.

„Ich bezweifle, daß ich mich morgen rühren kann, wenn nichts geschieht," klagte ich. –"Weißt du was? Nimm Kognak, der ist ja auch Branntwein." –"Karl, du bist doch praktischer, als du aussiehst. Lange mir die Flasche nur her! Kliebisch hat sie ja frisch füllen lassen."

Ich will nicht sagen, eine wie grausame Nacht ich verbrachte, denn statt Kognak hatte Kliebisch einen süßen Likör gekauft, von dem ich ganz zuckerig ward."Kliebisch ist ein Esel," schalt ich."Morgen in aller Frühe nehme ich ein warmes Bad. Ich mag Neapel nicht mehr sehen." Gar oft neckte mein Karl mich später, indem er sagte:"So süß, wie in Italien sei ich noch nie gewesen." – –

Auf dem Dampfschiffe trafen wir die Reisegefährten vom Vesuv, und als die Räder sich in Bewegung setzten, die Stadt mit ihrer Umgebung sich allmählich wie ein Riesengemälde ausdehnte, das immer duftiger wurde, je weiter wir uns von der Küste entfernten, vergaß ich die ausgestandenen Mühseligkeiten und den gehabten Ärger in dem unsagbar herrlichen Anblicke dieses Panoramas, das man ohne Gucklöcher in natürlichem

Zustande vor sich hat. Als nun gar der Doktor mir auf energisches Zureden versprach, sich an meinem Buche über Italien zu beteiligen, war ich überglücklich.

Das Dampfboot war voller Menschen, und eine Musikbande spielte und sang an Bord die lustigsten Weisen. Man kann sich kaum vorstellen, was eine Violine, eine Gitarre und eine Mandoline und drei neapolitanische Kehlen hergeben. Nun, die sind ja von klein auf an Lärmmachen gewöhnt. Um Mittag landeten wir bei Capri. Boote fuhren dem Schiffe entgegen, und in denselben standen barfüßige Jungen, welche taktmäßig in die Hände klatschten und dazu sangen: Muß i denn, muß i denn zum Städtle hinaus. –

Ja, was war denn das? Ein deutsches Lied zum Willkommen auf dem Felsen im Golf von Neapel? Süßer Heimatsklang, so unerwartet; wie unvergeßlich hast du unser Herz getroffen, – Es regnete natürlich Kupfermünzen. Fiel eine derselben vorbei, dann sprang einer von den Knaben kopfüber in das Meer und haschte sie tauchend mit dem Munde.

Und so wie der erste Gruß erwies sich nachher ganz Capri. Die geselligen, genügsamen Capresen, unter denen es keinen Dieb gibt, lieben deutsche Art. Sie fingen deutsche Lieder, sogar die Wacht am Rhein, und sind zutraulich gegen den Tedesco und Prussiano.

Die Engländer pflegen sie dagegen Bottojoni, das heißt Knopfmacher, zu nennen und erachten sie nur des Anbettelns würdig.

Gegen vierzehn Tage blieben wir auf diesem Eiland, das, wenn es auch nicht das Paradies ist, wenigstens dicht dabei liegt. Wir fuhren zuweilen im Boot um die Insel, schlüpften in die blaue Grotte, wo der Himmel unter uns, die Erde über uns schwebt, saßen auf den Klippen, an denen die Brandung haushoch aufschäumte, wenn der Sirocco von Afrika herüberblies, wanden Sträuße aus wilden Hyazinthen, weißen Ziströschen, roten Schwertlilien, Myrten und Lorbeer und hörten am Abend, wenn der Mond eine lange Silbergasse über das Meer zog, die Nachtigall in den Orangenhainen schlagen, deren würziger Hauch die Luft durchflutete.

Auch den Eremiten auf den Ruinen des Tiberiuspalastes besuchten wir und nahmen die Kaktusfeigen, welche seine fidele alte Köchin geschickt aus der Stachelhülle schälte, gerne an und warfen unter ihrer Anleitung Steine von der Höhe in die weißköpfigen Wogen da unten. Wer aber nicht weit genug ausholte, der traf nicht das Meer, sondern die Felsen oder die Fächerpalmen, welche an den Uferabhängen wachsen. Während wir lustig wie die Kinder waren und laut jubelten, wenn einer von uns einen ebenso geschickten Stein warf wie das alte vergnügte Fell von Einsiedlerköchin, sahen die grünen Eidechsen mit ihren klugen Augen uns zu. Ich glaube, es gibt auf Capri keinen einzigen Stein, auf dem sich um Mittag nicht eine Eidechse sonnt. Die kleinen Geschöpfe sind wirklich zu lieb.

Mit dem Eremiten hat Viktor Scheffel manche Flasche Capriwein vertilgt, als er seinen Trompeter von Säkkingen hier dichtete. Mein Karl fand den Einsiedlerwein jedoch zu sehr geschwefelt.

„Wenn wir jetzt eine Maß Hofbräu von Danziger in der Leipziger Straße hätten,“ sagte er,“dann wäre der Timberio der schönste Punkt der Erde.“ –“Und was meinst du, wenn die liebenswürdige Frau Danziger dir ein Beefsteak à la Nelson dazu vorsetzte?“ –“Wir wollen das Wohl der beiden trinken,“ schlug Onkel Fritz vor,“vielleicht klingen ihnen dann die Ohren, und sie gedenken unser, wie wir der frohen Stunden, die uns schon durch sie zuteil wurden.“ Das taten wir, und der Eremit stieß mit an.

Wegen mangelnder Geübtheit im Italienischen kam eine eingehende Unterhaltung mit dem würdigen Klausner leider nicht zustande. Zu gerne hätte ich gewußt, ob er niemals Lust zum Heiraten verspürte und warum er denn eigentlich sitzen blieb? Jetzt ist er wohl über die Jahre hinaus, um noch auf eine anständige Partie hoffen zu können.

Ein besseres Getränk als bei dem frommen Mann gibt es in der“Deutschen Weinwirtschaft“ bei Mohl in Anacapri, einem Württemberger, der die Bella Magarita geheiratet hat, eine schöne blonde Capresin mit schwarzen Augen und dunklen Braunen und bieten Rebengärten.

Über die Bella Magarita sind schon ganze Bücher zusammengeschrieben, erzählte uns Herr Mohl. Aber alles miteinander sei falsch. Ich glaube, wenn er erfahren hätte, daß ich auch schreibe, würde er mir ein Leides angetan haben, so sehr haßt er die Schriftstellerinnen, welche ihm und seiner schönen Frau Romane andichten, die nie passiert sind. Viele von meinen Kolleginnen lügen leider ja sträflich. Ich hoffe, ich mache eine Ausnahme.

Mitunter wurde am Abend im"Hiddigeigi" Tarantella getanzt. Ein Tamburin bildete das Orchester, und die barfüßigen Tänzer und Tänzerinnen wurden nicht müde, sich ganz der Lust hinzugeben. Für höhere Töchterpensionate halte ich die Tarantella jedoch nicht geeignet, wenn sie echt getanzt wird, aber die Capresen denken sich weiter nichts dabei, weil sie eben nicht eine so feine Erziehung erhalten wie unsere Kinder, die genau zwischen Anständig und Unanständig unterscheiden lernen, damit sie zur rechten Zeit einen unwilligen Mund machen können, wenn mal etwas Natürliches passiert, um zu zeigen, daß sie sehr wohl wissen, was sich schickt und was nicht. Wie das Volk auf Capri so arm und doch so froh ist, so unausgesetzt mit Fremden in Berührung kommt, doch noch nicht verdorben wird, das ist ein wahres Wunder.

Wo blieben die Tage auf dem verzauberten Felsen, den das blaue Meer umwogt, den die Natur so lieb hat, daß sie selbst das rauhe Gestein mit Blumen schmückt? Wo bleiben die Träume beim Erwachen? –

Auf einer Barke segelten wir nach Amalfi, das die Engländer"Emmelfei" nennen. Sarazenen haben diese Stadt zum Teil erbaut. In dem Albergo della Luna kehrten wir ein; dasselbe war einst ein maurisches Kloster. Man zeigte uns in dem Fremdenbuch die Stelle, an die Bismarck seinen Namen geschrieben hatte, als er die Stadt in der Felsschlucht besuchte, aber irgendein Reisender hatte den Namen ausgeschnitten. Das Loch in dem Papier aber gilt noch heute in Amalfi als ein Gegenstand der Ehrfurcht.

Onkel Fritz sagte, daß die Kaufleute in Italien, mit denen er in Berührung gekommen sei, nur bewundernd von dem Manne sprächen, um den sie Deutschland beneideten. Das habe ihn oft stolz gemacht. Der Mensch soll freilich nicht stolz sein, aber mitunter hat er doch sogar die Verpflichtung dazu. – Wir haben den ganzen Bismarck und nicht bloß das Blatt, wo er einmal seinen Namen hingeschrieben hatte, den großen herrlichen Mann!

Fritz meinte, es wäre für jeden Deutschen wünschenswert, daß er einmal hinaus in die Fremde käme, um zu erfahren, was aus Deutschland geworden sei und wie burgenhaft stolz es sich von ferne ausnähme. Dann würde er es recht lieben lernen, nicht wie der Bauer seine Milchkuh und sein Speckschwein, des Vorteiles wegen, sondern wie ein Sohn seine Mutter, als unantastbares, heiliges Gut. –

„Wenn der Deutsche nur nicht zur sehr Affe wäre," entgegnete mein Karl,"der glaubt, daß alles, was die Fremde bietet, tausendmal schöner und besser sei als die Gaben der Heimat, und dabei doch nicht die schätzenswerten Eigenarten anderer Nationalitäten nachzuahmen sucht, sondern nur die Albernheiten und Nichtswürdigkeiten derselben."

„Wie du recht hast, Engelskarl," rief ich."Früher mußten wir eine Krinoline tragen, und jetzt sind wir nur noch Form. Und dabei sehen die jungen Leute die jungen Damen stets mit Blicken an, als wären sie Bildhauer, die ihre Modelle taxieren müßten!"

„Und wie viel ist Kunstform dabei!" sagte Onkel Fritz.

„Das verstehst du nicht, denn du bist ein elender Junggeselle. Wärest du ein echter Deutscher, dann hättest du mindestens schon Zweie auf dem Gymnasium." –

So redeten wir auf der Tour von Amalfi nach Salerno, wo die Felsenstraße an dem Meere längs führt. Noch sieht man die Ruinen alter Warttürme, in denen Bewaffnete auf die Schiffe der Sarazenen lauerten, die von Sizilien herüber kamen, um zu räubern und sich in den Besitz des eroberten Landes zu setzen. Dann kam es zu ausgesuchten Kämpfen. Waren die Bewaffneten in den Türmen stark genug, kriegten die Sarazenen Senge, waren diese aber den Mannen und Reisigen über, besahen die sich ihre Keile. Nun herrschte dazumal in Italien eine scheußliche Kleinstaaterei. Eine Republik war neidisch auf die andere, und die Bewohner des einen Kleinstaates standen mit verschränkten Armen an der Grenze des anderen und warfen denen drüben schiefe Blicke zu. Die Folge davon waren natürlich Holzereien bester Sorte, und weil sie sich in Haß, Wut und Ingrimm einander nicht beistanden, sondern in den Warttürmen im Stiche ließen, nahm der biedere Sarazene ein Stück Land nach dem anderen und ließ sich häuslich nieder.

„Wie wäre es uns wohl anno Einundsiebzig gegangen,“ sagte mein Karl,“wenn Deutschland noch in den Kleinstaatswindeln gelegen hätte? Wer weiß, ob wir jetzt nicht in Berlin Französisch sprechen müßten?“ –

„Karl,“ sagte ich,“vielleicht hätte ich mich zum Französischlernen bequemt, aber geschimpft hätte ich doch nur auf Deutsch!“ –

Über Castellamare erreichten wir Neapel wieder, von dem ich mich nur schwer trennen konnte, weil es zu gelungen dort hergeht.

Man wird nicht müde, dem nie rastenden Volksgewühle zuzusehen und dem Gebrülle und Getose zuzuhören. Ich glaubte früher, in Neapel gingen die Leute ebenso bunt angezogen wie in der Oper“Die Stumme von Portici,“ wo die Damen vom Chor tote und blaue und grüne Röckchen mit allerliebsten weißen Schürzen tragen und die Herren so prachtvoll frisiert und mit den wundervollsten roten Backen begabt sind, aber ich hatte mir ein falsches Bild von der Wirklichkeit gemacht und bin jetzt vollkommen davon überzeugt, daß es in Neapel Leute gibt, die niemals in ihrem Leben weder ein neues, noch ein ganzes Stück Zeug über den Leib bekommen haben. Aber was schadet das, da sich der Neapolitaner über solche Dinge keine Sorgen macht?

Er hat überhaupt in vielen Dingen ganz andere Ansichten als wir, namentlich über die Begriffe von Mein und Dein, denn am letzten Tage, den wir in Neapel verlebten, stahl man meinem Karl ein neues seidenes Taschentuch und das Zigarrenetui auf offener Straße aus der Rocktasche, worüber ich mich sehr fuchste:“Wartet nur, ihr Neapolitaner,“ tief ich empört,“dafür spuckt euch der Vesuv noch einmal auf den Kopf. Habe ich für euch Gesindel die Zigarren unter Angst und Gewissensqualen über die Grenze gebracht?“

Onkel Fritz sagte, er hätte mir ja geraten, meines Mannes Rocktaschen zuzunähen. Wozu ich denn sonst da wäre? Mein Karl bedauerte nur die Zigarren; an dem Tuch und der Tasche lag ihm nicht halb so viel.

Als wir wieder nach Rom abreisten, der Golf unseren Blicken entschwand und der Monte Somma sich vor den Vesuv und all die Herrlichkeit schob, ward mir doch etwas schwer ums Herz. Onkel Fritz sang das Lied, welches er auf dem Capridampfer gehört hatte: Addio mia bella Napoli, und mein Karl sagte:

„Das hätten wir gehabt!“

Allmählich heimwärts

Warum Rom ein Stück Arbeit ist – Beatrice Cenci – Warum die Götter nicht für Berlin passen – Warum Frau Buchholz eine Giraffe sein darf – Warum die heilige Praxedis auf einem Stein schlief – Tivoli – Warum Frau Buchholz geknufft werden wollte – Warum die Schwiegersöhne in Berlin teuer sind – Warum Herr Spannbein sich mit dem Professor erzürnte – Florenz – Warum Frau Buchholz Italien umsonst besucht hat – Warum Onkel Fritz ein Couplet sang – Venedig – Der letzte Abend in Italien – Wieder in Berlin

Wollten wir auf die Kosten kommen, so mußten wir Rom noch eine Reihe von Tagen widmen. Wir haben aber auch nicht schlecht gearbeitet. Von einer Sehenswürdigkeit ging es zur anderen, so daß ich am Abend mitunter abgeextert war, als hätte ich Großscheuerfest gehabt.

Zum Glück trafen wir Herrn Öhmichen aus Glauchau, der immer noch auf der Suche nach Mustermotiven aus war und, wie er sagte, nur Halbbrauchbares gefunden hatte. Warum? Er mußte die Motive erst stilisieren lassen. Wie bequem hätten es dagegen die Architekten, die könnten ihre Motive so nehmen, wie sie da wären, und wenn sie den Kram nur recht tüchtig auf den Kopf stellten, merkte niemand, woher sie ihre Weisheit hätten.

Mein Karl wies ihn zurecht und sagte, so gut wie in Italien baute man in Berlin auch, Herr Öhmichen möchte sich nur einmal die Fassade der neuen Kriegsakademie vom Baumeister Schwechten und dem Bildhauer Otto Lessing ansehen oder den Anhalter Bahnhof mit dem plastischen Schmucke von Thomas oder die Germania von Kaiser und Großheim oder den neuen Palast vom Bleistiftfaber in der Friedrichstraße. Es wären schon Leute da, die Bedeutendes leisteten.

„Und das Zentralhotel," rief ich.

„Das ist nur zum Wohnen und nicht zum Ansehen," berichtigte mich mein Karl.

Da Herr Öhmichen sich schon fleißig umgesehen hatte, ließen wir uns gerne von ihm führen. Wir besuchten mit ihm das Pantheon mit dem kränzebedeckten Grabe Viktor Emanuels und dem Grabmal Rafaels.

Wir waren im Vatikan, worin elftausend Zimmer sein sollen. – Wer die wohl scheuert? Die Schweizerwache sieht aus, als wären alle echte Ehrentrauts, nur mit dem Unterschiede, daß so ein braver Schweizer mit seinem Daumen bequem ein Figürchen bedecken kann, wie sie dieser Künstler malt. Und die Statuen, die Bilder, die Wandgemälde! Mir wurde mitunter ganz kunstschwindlig. Es ging mir im Vatikan wie in der Villa Albani, ich meinte immer in einem Spital von Antiken zu sein, die auf ihre verlorenen Gliedmaßen und den Leimtopf lauern, aber das Fehlende hat für den Kenner ja gerade den wahren Kunstwert.

Und die vielen Bilder in den Palästen. Man hat ja doch die meisten Leute nicht gekannt, die sie darstellen. Es muß schrecklich schwer sein, sich darauf gründlich auszukennen, und ich begreife recht gut, wie man einen falschen Rubens für einen echten kaufen kann, denn wer sich sein lebelang nur mit Bilderbeurteilen befaßt, der muß ja schließlich ganz wirrig werden.

Interessant war mir der Palast Barberini, in den wir eigentlich durch Zufall gerieten. Herr Öhmichen kam nämlich an einem Morgen ungeheuer vergnügt heran und fragte, ob er uns zu einer außerordentlichen Kostbarkeit führen dürfe? Wir willigten ein.

Auf dem Wege nach der Kostbarkeit lag der Palast. Herr Öhmichen sagte: Motive seien nicht darin, wohl aber das Porträt der Geliebten Rafaels, von ihm selbst gemalt.

Natürlich wollte ich wissen, wie eine aussah, die einen Künstler, wie Rafael, der in die anständigste Familie hätte heiraten können, auf Abwege brachte. Aufrichtig gesagt, ich hätte ihm besseren Geschmack zugetraut, denn diese Donna muß ein unangenehmes, gelbes, großnäsiges Frauenzimmer gewesen sein. Aber Liebe macht ja bekanntlich blind.

Außerdem ist noch das Porträt einer bleichsüchtigen jungen Dame von Guido Reni da, nämlich das der Beatrice Cenci. Die Familiengreuel dieser Cencis sind derart, daß ich sie nicht nennen mag, denn wenn der eigene Vater der eigenen Tochter nachstellt und diese ihren eigenen Vater ermorden läßt und das Gericht dafür Beatrice nebst Stiefmutter mit dem Beil hinrichtet, den älteren Bruder mit der Keule erschlägt, den jüngsten Sohn aber wegen seiner Kindheit begnadigt, so ist das ruchlos. Der Papst Paul V. gab die konfiszierten großen Güter der Cenci an die Borghesi. Nachdem dies geschehen, stellte sich später heraus, daß die Hingerichteten sämtlich unschuldig waren, aber man schlug den Prozeß nieder. Wenn nun die Borghesi manchmal nicht taten, wie die Päpste wollten, dann sagten diese, man sollte doch einmal wieder die alten Akten vom Prozesse Cenci revidieren, und sobald den Borghesi dies Wort hinterbracht wurde, benahmen sie sich brav. Herausrücken ist auch nicht jedermanns Sache.

Wir verließen den grausigen, historischen Boden auf einer Wendeltreppe von sechzig Stufen und gelangten in den Hauptsaal des Palastes, dessen Deckengemälde so schön sind, daß man sich den Nacken daran steif sieht. Alle Götter und Göttinnen des Olymps ruhen dort oben auf Wolken, und Venus, an der wie immer Garderobe gespart wurde, natürlich mitten dazwischen. Für Italien passen diese fleischfarbigen Götter sehr gut, weil es dort warm ist und man nicht heizt, aber im Norden nehmen sie sich dagegen frostig aus; ich glaube auch nicht, daß man bei uns so große Hallen und Säle wie die in den Palazzis im Winter warm kriegen würde.

Die Besitzer der Palazzis wohnen nicht in den Prunksälen, die mehr für die trinkgeldnehmenden Diener zu sein scheinen, sondern haben höchst gemütliche Zimmer wie andere Menschen, wovon ich mich oft überzeugte, indem ich mit der den Engländerinnen abgelernten Dreistigkeit die Türen zu den Privatwohnungen öffnete und darin so lange herumschnüffelte, bis ich genug gesehen hatte. Kam jedoch ein Diener oder so etwas, um mich hinauszukomplimentieren, dann machte ich große runde Augen, starrte ihn wie versteinert an und sagte:"Aouh Yees!" woraus man mich stets in Frieden ließ. Denn das wissen die Italiener genau: eine Reisemiß oder Missis tut, was sie will und nicht was Gebrauch ist, denn sie weiß, daß, wenn ihr noch so gerechtfertigt auf die kleine Zehe getreten wird, ganz England hinter dem Kanal dennoch"Aouh" schreit. Mein Karl sagt oft:"Wilhelmine, hier in Italien kannst du gerne die Engländerin spielen, denn wir kommen prachtvoll damit durch, für Berlin aber will ich mir schon jetzt solch giraffenhaftes Wesen verbeten haben." – Unter Giraffen versteht mein Karl nämlich die langhalsigen Exemplare britischer Abkunft.

An der Maria maggiore, einer der achtzig Marienkirchen Roms, konnte ich nicht vorbeikommen, sondern ging hinein. Sie ist herrlich, was schon daraus hervorgeht, daß die eine Seitenkapelle, welche die Borghesische heißt, über eine Million Scudi gekostet hat. Den Scudi rund gerechnet 4 Mark 50, macht dies vier und eine halbe Million Reichsmark. Was kostet nun wohl die ganze Kirche? Sagen wir ein Fürstentum. Und in Rom fehlt es nicht an Kirchen! Es muß doch ein unsinniges Geld vor Zeiten dorthin geschleppt worden sein."Wir würden in Deutschland auch reicher an Bauten und Kunstwerken sein," bemerkte mein Karl,"wenn die Kriege, welche die Päpste anrührten, nicht auf deutschem Boden ausgefochten wären. Der Dreißigjährige Krieg hat das Land verwüstet und arm gemacht, deshalb müssen wir an die Zukunft denken, soll unser Vaterland auch prächtig werden, und das tut unser Reichskanzler."

Herr Öhmichen ließ uns keine Zeit, alle Herrlichkeiten zu betrachten, da es ihn drängte, uns die versprochene Kostbarkeit zu zeigen. Wir hatten nicht weit, denn dicht bei der Maria maggiore liegt die Kirche Santa Prassede, in die er uns führte.

In dem linken Seitenschiff deutete er sprachlos vor Entzücken auf eine Steinplatte. Wir sahen erst den Stein an und dann Herrn Öhmichen und dann wieder den Stein, aber wir entdeckten nichts Außerordentliches.

„Na, Mann, was ist denn hiermit los?" fragte Onkel Fritz. –"Sehen Sie denn nicht?" stotterte Herr Öhmichen."Gibt es etwas Schöneres als diesen Stein?" –"Was ist das für ein Stein?" fragte ich sehr bestimmt. –"Eine antike Tischplatte, aber die heilige Praxedis hat darauf geschlafen. Worum? Weil ihr die leere Bettstelle noch zu weich war. Es gibt ja Leute, die nicht auf Federn liegen können." –"Herr Öhmichen, was geht es Sie, was geht es mich an, worauf die heilige Praxedis gelegen hat, wenn es ihr nur gut bekommen ist? Wo ist die Kostbarkeit, die Sie uns zeigen wollten?"

„Hier der Stein!" rief er."Sehen Sie doch nur diesen feinen Grund ... schwache Eisenbeize mit Katechu, versponnen mit reiner Naturwolle ... und diese schwarzen und weißen Tippelchen? Haben Sie je ein schöneres Hosenstoffmuster gesehen?"

Während ich so gut wie sprachlos dastand, sagte Onkel Fritz:"Mir gefällt es sehr, Sie können mir einen kompletten Anzug davon kaltstellen." –"Ich mache eigentlich nur en gros," entgegnete Herr Öhmichen,"aber Ihnen will ich'n paar Meter ablassen. Warum? Weil Sie es sind und meine Freude über das Muster so sehr groß ist."

Der Sakristan kam und fragte, ob wir die Kapelle der Säule besichtigen wollten, und schloß eine durchbrochen gearbeitete Seitentür auf. Als ich eintreten wollte, wehrte der Mann mir und redete, was weiß ich. Nachher stellte sich heraus, daß Frauen diese Kapelle nur an den Fastensonntagen betreten dürfen, wogegen die Männer hineinkommen, sobald sie Entree bezahlen. Onkel Fritz sagte, um mich zu ärgern, das Innere der Kapelle sei himmlisch schön; alles Gold und Mosaik, weshalb sie auch der Garten des Paradieses genannt werde. Das Merkwürdigste wäre jedoch die Säule der Geißelung.

„Gut," antwortete ich ingrimmig."Man läßt uns Damen nicht hinein. Aber so viel weiß ich, daß ich sämtliche: Engländerinnen im Hotel auf die Kapelle der Säule gieperig machen und hierher schicken werde. Dann mag der rücksichtslose Sakristan sehen, wie er mit ben Missis fertig wird, und die Missis können versuchen, wie sie in die Kapelle kommen. Das gibt einen Hauptfeez." – Dieser Gedanke stimmte mich gleich wieder heiter. Der Mensch braucht in der Tat wenig, um vergnügt zu sein, wenn er nur harmlos ist. –

Über den Corso ging ich stets mit besonderer Andacht, denn dort befindet sich das Haus, in welchem Goethe bei seinem Aufenthalte in Rom wohnte. Die Bürgerschaft Roms hat eine Gedenktafel anbringen lassen, auf der steht: In diesem Hause ersann und schrieb Wolfgang Goethe Unsterbliches.

Sein Erlkönig wird auch wohl unsterblich bleiben und möglicherweise auch sein Faust, wenn derselbe ohne den zweiten Teil zur Welt gekommen wäre, der sich ja durchaus nicht zur Aufführung eignen soll, wie sie immer schreiben. Wie nützlich hätte Goethe die Zeit, die er an den zweiten Teil verschwendete, zu noch einigen Erlkönigen oder sonstigen hübschen Deklamiergedichten verwenden können, an denen es so sehr mangelt. Auch etliche weitere erste Teile vom Faust wären gewiß den Bühnen willkommen.

Das andere, was er geschrieben hat, liest man ja nie. Dagegen ist der Streit, ob Schiller oder Goethe größer ist, immer noch eine offene Frage, deren Lösung meine jüngste Tochter jedoch in einem Examenaufsatz ziemlich nahe kam, indem sie auseinandersetzte, das sei Geschmackssache. Und dabei hat sie von den beiden nicht mehr gehabt als in der dünnen Literaturgeschichte steht, worin von allen zusammen die Rede ist. Das Kind hat nämlich einen zu durchdringenden Geist.

Auch durch das Popolo-Tor gingen wir und wanderten bis zu dem Sauerbrunnen, an dem Goethe allmorgendlich sein Glas Mineralwasser trank. Ich ließ mir ebenfalls einen Becher davon geben, aber mir fiel nichts Dichterisches ein, so daß ich vermute, an dem Wasser kann es nicht gelegen hoben, daß er so schöne Balladen machte.

Gegenüber dem Hause Goethes liegt der Palast Rondinini. Er ist berühmt, weil in dem Hofe desselben ein unvollendetes Werk von Michel Angelo steht. Wenn man den alten Klotz aber nicht erhaben findet, wird man für dumm verschrieen. Es ist eben mit den italienischen Künstlern eine ganz andere Sache als mit den deutschen. Wie groß wäre Cornelius wohl, wenn er ein Italiener oder Franzose gewesen wäre, so unverständlich mir auch seine Übermenschlichkeiten in der Nationalgalerie sind.

Nach vier Tagen war ich von dem vielen Besehen der Kunstwerke total nervös."Karl," sagte ich,"ich wollte, wir wären auf Capri!" –"Besuchen Sie doch Tivoli!" riet Herr Öhmichen."Warum? Dort haben Sie Natur." –"Ist Tivoli eine Brauerei?" fragte ich. –"Nein, nur eine Wasserkunst ohne Hopfen und Malz," erwiderte Herr Öhmichen. –

Er hatte recht. Die Wasserfälle in Tivoli, wohin man mittels Dampftramway durch die weite Campagna gelangt, sind wundervoll. Wenn die bei Berlin wären, könnte ein intelligenter Wirt sein Glück damit machen.

Mehr aber noch als die mächtigen Wassermassen, welche donnernd in die Tiefe stürzen, erfreute mich der Garten der Villa d'Este, denn dort fand ich wieder etwas von der Ruhe, in der ich auf Capri geschwelgt hatte. Obgleich ich diesen Garten noch nie in meinem Leben betreten hatte, kam er mir dennoch gleich so vertraut vor, als wäre ich schon einmal darin gewesen und hätte seine Lorbeerhecken, seine blühenden Gebüsche, seine umrankten Baulichkeiten und seine zerfallenen Statuen gesehen und den Duft eingeatmet, den die flimmernde, sonnendurchwärmte Mailuft aus Blütenbäumen und Blütensträuchern zieht. Nur konnte ich mich nicht erinnern, wo es gewesen war, und das mochte mich innerlich unruhig, wie man immer wird, wenn man sich auf eine Sache besinnt und sie nicht hinbringen kann.

Mit einem Male aber kam es wie Genugtuung über mich ... ich wußte, wo ich war.“Karl,“ sagte ich,“nun kenne ich diesen Garten. Als ich noch Kind war, hab' ich ihn gesehen. Wenn die Mutter in der Dämmerung das Märchen vom Dornröschen erzählte, dann war mit, als sähe ich das verzauberte Schloß mit den Rosen, dem Efeu und den dichten Hecken, geradeso wie hier den Garten. Sieh' nur, wie Tausende von hellen und dunkelroten Rosen gleich einem Blumenschleier von den Terrassen herabwallen, wie Rosengehänge den Eintritt in die kühlen Grotten verwehren, und wie der Neptun in seinem Bassin von lauter Rosen überwölbt wird, als gehörte er zum Hofstaate Dornröschens. Nur das Plätschern der halbverfallenen Wasserkünste vernehmen wir und das Zwitschern der Vögel. Mein Karl, wenn hier nicht das Märchenland ist, dann ist es nirgends.“

Wir setzten uns in dem Schatten der großen dunklen Zypressen auf eine Steinbank und verfolgten mit unseren Blicken den zum Schlosse führenden Weg über die rosenumhüllten Terrassen, über die Treppen mit den zerbrochenen Amoretten, vorbei an den Springbrunnen und glitzernden Wasserstrahlen, bis oben hinauf zu den Statuen auf den Gesimsen des Schlosses, die sich weiß und luftig von dem klaren blauen Himmel absetzten. Und rechts und links von uns blühte und duftete es, Granaten entfalteten ihre siegellackroten Knospen, Agaven streckten ihre riesigen Blütenschäfte in denselben belebenden Sonnenschein hinaus, der die Orangen und Zitronen an den Bäumen zeitigte, die Furcht und Blüte auf einem Zweige tragen, als wüßten sie ihren Reichtum nicht zu lassen und müßten geben, wie sie nur vermögen.“Karl,“ sagte ich,“knuffe mich, damit ich weiß, ob ich auch wirklich wache.“ Er gab mir einen Kuß. – Mein Karl ist eben zu gut. Onkel Fritz würde mir keinen schlechten Schubs versetzt haben. Aber der hatte ja Gott sei Dank Geschäfte in Rom.

Am Abend waren wir wahrhaft erquickt wieder im Genio, wo wir meistens zu Nacht speisten. Während die Herren ihren Skat trommelten, zeichnete ich gewöhnlich meine Ergebnisse auf, und so auch heute. Als ich in der besten Arbeit war, redete mich plötzlich eine ältere Dame an:“Sind Sie vielleicht Kollegin?“ –“Wieso?“ –“Nun, ich bin Schriftstellerin, und da ich Sie schreiben sah, so erlaubte ich mir –.“ –“Sehr angenehm!“ – In der Tat war mir diese Begegnung willkommen, Denn nun sah ich doch einmal eine wirkliche lebendige Schriftstellerin von Fach. Wir schlossen sehr bald Freundschaft, und die Dame – sie schreibt unter verschiedenen Namen für deutsche Journale – gab mir manche Auskunft über römisches Leben.“Ach,“ sagte sie,“es ist hier nicht alles Gold, wie der Fremde glaubt, der durchreist. Die Pauvretät ist größer, als man denkt! Haben Sie wohl am Nachmittage die eleganten Karossen mit ihren noch eleganteren Insassen auf dem Monto Pincio gesehen?“ –“Wo die jungen seinen Herren den Damen ihre Aufwartung machen?“ –“Ganz recht. Es sind viele fremde Damen darunter.“ –“Woher stammt aber die Vertraulichkeit mit den jungen Menschen?“ –“Die gehen darauf aus, Bekanntschaften zu machen. Es sind vornehm klingende Namen darunter, aber sie glänzen nur nach außen.“ –“Aha, die Manschetten sind mehr wert als das Hemd.“ –“So ist es. Sie heißen hier Mascalzoni oder auch wohl Zweilirerentiers. Sie speisen in irgendeiner Garküche für wenige Soldi Makkaroni und laufen dann durch ein vornehmes Restaurant, aus dem sie mit einem Zahnstocher im Munde wieder auf die Straße treten, um glauben zu machen, sie hätten drinnen diniert.“ –“Billig, aber nobel!“ –“In Italien erbt der älteste Sohn das Vermögen, die jüngeren sind pauver und suchen, wie sie ohne Arbeit den Schein der Vornehmheit wahren. Die Damen schmeichelt es natürlich sehr, wenn der Conte Annibale, der Conte Orazio oder gar der Marchese Eduardo ihren Hofstaat bilden.“ –“Freilich weist das mehr her, als wenn zu Hause Müllers und Lehmanns auch gebeten werden müssen.“ –“Den jungen Leuten ist die Gesellschaft der wohlhabenden fremden Damen angenehmer als das Herumstehen auf dem Corso oder der Piazza di Colonna und das langweilige Spucken auf die Straße. Deshalb schlagen sie keine Einladung zu einem guten Essen aus und nehmen gerne ein Diamantnadelchen oder lassen sich ihre Schneiderrechnung ohne Widerrede bezahlen, wofür sie denn nachher um so seelenvoller mit den Augen klappern.“ –“Das ist bei uns anders,“ entgegnete ich.“Wenn in Berlin ein junger Mann mit Namen sich herabläßt, bei reichen Dicktuern zu verkehren, hat er meistens Schulden und die Absicht, Schwiegersohn zu werden. Da sind dann Summen nötig, um ihn erst mal in einen börsenreinen Zustand zu versetzen, und die Mitgift darf nicht klein ausfallen, damit er die väterliche Scholle aufbessern, Rennpferde und Jagdgründe halten kann. Merkt er jedoch, daß es nur Nadelgeld gibt, dann schnappt er ab, und der Kaviar, die getrüffelten Puten, der feine Rotwein und der viele Sekt sind reineweg zum Fenster hinausgegossen. Und kriegt sie ihn ja und wird"Frau von," so sieht seine Familie sie doch nur für Talmi an. Wer garantiert überdies dem Schwiegervater, daß der Schwiegersohn ferner keine hochprozentigen Privatanleihen macht, und ist dieser sicher, daß der Schwiegervater das große Vermögen nicht wieder im Geschäft verposamentiert, in das er sich sauer hineinheiratet? Dann hat er sie, und schöner wird sie nicht."

„Der Mascalzoni ist anspruchsloser, der berechnet jeden feurigen Blick nur mit etlichen Soldis." –"Sie haben in diesen Verhältnissen prächtigen Stoff zum Schreiben, liebe Kollegin," sagte ich. –"Ach nein," entgegnete sie."Man verlangt nur echt italienische Geschichten mit Mord und Totschlag. Die müssen in den Abruzzen spielen. Er muß ein Räuber sein, sie liebt einen deutschen Maler oder einen reichen fremden Sonderling, den der Räuber erschießt, den sie darauf entweder denunziert oder eigenhändig mit einem Dolche umbringt. Wenn sie wüßten, wieviel Menschen ich schon auf dem Papier umgebracht habe, sie würden mich für ein Ungeheuer halten. Aber der Mensch will doch auch leben. Ich besorge neben der Schriftstellerei den Haushalt. Mein Mann ist nämlich Maler." –"Was malt er denn?" – Sie seufzte."Er war wohl noch zu jung, als er nach Rom kam, und nicht selbständig genug in der Kunst und mochte wohl meinen, es könnte ihm nicht fehlen, die Alten zu überflügeln ... jetzt kopiert er sie für ein Billiges."

„Er war arm und mußte verdienen. Seine eigenen Kompositionen kaufte niemand, denn die Römer geben kein Geld für neue Gemälde aus und die Fremden verlangen nur Kopien nach den berühmtesten Werken der Vergangenheit."

„Da hat er nun im Laufe der Jahre seine eigene Schaffenskraft eingebüßt und muß für das tägliche Brot kopieren, wie ich dafür schreibe. Der Künstler kann auch in Rom, mitten in der Kunst, untergehen, liebe Frau, denn es ist unmöglich, mit den alten Meistern zu konkurrieren, die erdrücken ihn. Wie glücklich sind Sie jenseits der Alpen, wo ein neues frisches Leben auch dem schwächeren Talente ein grünes Plätzchen gönnt, auf dem es sich entfalten kann. Deutschland, du aufgehender Stern, warum sind wir, deine Kinder, alt und kraftlos in der Glut Italiens, in der herzlosen Menschenflut geworden, die in Rom zusammenbrandet? Für uns bist du zu spät aufgegangen." – Sie trocknete sich die Augen, denn ihr Mann trat ein. Ich sah ihn mir genau an. Es war das erste gramdurchfurchte Antlitz, das ich im Süden sah.

Wir drehten die Unterhaltung nun auf gleichgültige Dinge. Sie fragte mich, wie man wohl am besten Wollenzeug wasche? Ich sagte, mit handwarmem Wasser, etwas Soda und schwarzer Seife, dann bliebe es weich. Sie dankte mir. – Also das war auch Rom. –

Am nächsten Tage gingen wir nach der berühmten Sixtinischen Kapelle. Sie ist gänzlich abgetakelt und macht einen höchst vermoderten Eindruck, aber wegen ihrer grenzenlosen Berühmtheit findet jeder Besucher sie aus Pflichtgefühl herrlich, denn es geht dem Menschen in Kunstsachen wie dem kranken Schimmel, der die Medizin erst nahm, als ihm dauerhaft zugeredet wurde. Vielleicht mache ich mich einer großen Kunstketzerei schuldig, aber trotzdem bekenne ich offen, daß viele Kupferstiche mir besser gefallen als ihre Originale, die vom Alter ramponiert und vom Ruß der Zeit so dick überzogen sind, daß man Kresse hineinsäen kann.

Ist es der Mühe wert, zwölf Treppen hoch zu klettern, um zu sehen, wie Rafaels Stanzen zugrunde gerichtet worden sind?

Aber Trinkgelder werden für die Besichtigung der verwahrlosten Kunstwerke genommen, daß es nur so kracht.

In der Sixtinischen Kapelle, die eigentlich nur ein großer Saal des vatikanischen Palastes ist, war viel Publikum, von denen manche, so lang sie waren, rücklings auf den Bänken lagen, um die Deckengemälde Michel Angelos bequemer mit dem Opernglase zu begaffen, was sehr ungehobelt aussah. Oben auf einem hochaufgebauten Gerüst saß ein Künstler, der ein Stück Decke abzeichnete. Es war Herr Spannbein.

Kaum hatten wir uns gegenseitig erkannt, als er herunterstieg und uns begrüßte. Es ging ihm traurig. Quenglhuber knechtete ihn mit den Zeichnungen nach Deckengemälden für sein Werk."Und wenn er noch mit meinen Arbeiten zufrieden wäre," klagte Herr Spannbein,"aber er betrachtet sie, liest in den verwünschten Büchern nach und sagt dann: technisch recht brav, aber ich vermisse den Ausdruck der verklärten Idealität, den das Original nach dem Buche hat."

„Warum vergleicht er sie denn nicht mit den Originalen?" –"Sie kennen doch sein unseliges Schnupfen! Mitunter hilft das Rückenklopfen auch nicht mehr, und er hustet, als sollte er drauf gehen. Deshalb nimmt er seine Bücher mit und liest Ottilien daraus vor, worauf er fragt: verhält es sich so? Antwortet Ottilie"Ja," dann macht er einen Strich in dem Buch und verlangt von mir eine Skizze des betreffenden Deckengemäldes. Sagt sie dagegen"Nein", dann brummt er: Somit geht mich das Bild nichts an. – Um mir das Dasein zu erleichtern, sagte das sanfte Mädchen öfter Nein als Ja. Etwas Gutes hat der Schnupftabak also doch für mich." –

„Ich hätte in Ihrer Stelle dem Professor die Arbeit längst vor die Füße geworfen!" bemerkte Onkel Fritz. –

„Das kann ich nicht; je länger ich in Ottiliens Nähe weile, um so inniger liebe ich sie."

„Dann gehen Sie mit ihr durch und lassen Sie den Alten mit seinem Schnupftabak das neue Werk allein aus den alten Büchern zusammenstoppeln." –

„Ich wagte Ottilie schon einmal einen ähnlichen Vorschlag zu machen, aber sie fürchtet, dem Vater breche das Herz, wenn wir ihn ausführten." –

„Weiß er denn, daß Sie und Ottilie sich lieben?" –"Weil er es weiß, peinigt er mich." –

„Dann hat er auch kein Herz zum Brechen," sagte ich."Unsere Zeit ist um, in den nächsten Tagen gehen wir nach Florenz," sagte Fritz."Reisen Sie mit uns."

„Ich nehme Ottilie unter meine Fittige," fiel ich Onkel Fritz in das Wort. –"Es geht nicht!" stöhnte Herr Spannbein. –"Dann ist Ihnen nicht zu helfen." –

Am Abend waren wir bei Morteo am Corso und tranken Drehersches Bier. Quenglhuber und Spannbein traten auch an. Das Gespräch drehte sich natürlich um die Kunst. Quenglhuber sagte schließlich, die ganze moderne Kunst sei Schund, nur allein die Alten wären Künstler gewesen.

„Man kann aber doch nicht mehr bei den alten Meistern arbeiten lassen," wandte ich ein,"und darum müssen notwendig neue da sein." – "Die sollen sich nach den Alten richten, nach dem ewig Idealen in Form und Farbe. Tun sie das nicht, kann auch die Kritik sie nicht ernst nehmen."

„Eine Kritik, die auf einem so vermulschten Standpunkt steht, nimmt auch der Künstler nicht ernst," entgegnete Herr Spannbein, der im Ärger ziemlich rasch und viel trank.

„Was?" schrie Quenglhuber,"Sie sprechen despektierlich von der Kritik. Das muß noch ganz anders kommen als bisher, denn vorläufig hat die Kunst nur Furcht, von Besserung ist nichts zu spüren." –

„Ich fürchte mich nicht," rief Herr Spannbein,"und wenn ich nur wüßte, welcher Anonymus meine"Edeldame mit Papagei" heruntergerissen hat, dem würde ich es schon geben. Mein Bild hatte nicht nur den Beifall der Kunstgenossen, sondern auch einen Käufer gefunden, den jedoch die vernichtende Kritik zurückschreckte. Und was sollte dem Bilde fehlen? Auffassung, Idealität und die Formenschönheit der Alten. Mehr nicht auf einmal. Der namenlose Schreiber hat keine Idee von Malerei!" –

„Sie sind ein Rebell," fuhr der Professor auf. –

„Nehmen Sie den Ignoranten noch in Schutz?“ fragte Herr Spannbein herausfordernd. –“Jawohl, denn ich selbst habe jenen Artikel geschrieben!“

Nun war der Topf entzwei.

„Ich nehme kein Wort zurück,“ sagte Herr Spannbein ruhig,“und erkläre hiermit, daß ich mich von jetzt an um kein Kunstgeschwätz mehr kümmern werde. Die Alten sind tot, und wir Jüngeren leben in unserer Zeit. Damit Punktum.“

Quenglhuber brach mit Ottilien auf. Sie warf beim Scheiden dem Maler einen schmerzlichen Blick zu, aber der blieb finster aus seinem Platze sitzen.

„Sie waren wohl ein wenig zu übereilt,“ sagte ich zu Herrn Spannbein, nachdem Quenglhuber die Tür von draußen zugemacht hatte.“Nein,“ erwiderte er,“der Bogen war zu straff gespannt, er mußte brechen. Wer gibt denn jenem Mann das Recht, mein künstlerisches Schaffen in den Zeitungen vor aller Welt zu schmähen, weil seine Ansichten von Kunst nicht die meinigen sind? Wer überhaupt gibt ihm die Berechtigung, zu loben oder zu tadeln? Sein Wissen? Das ist nicht unfehlbar! – Seine Erfahrung? Die Kunst schafft Neues, an dem erst Erfahrungen gemacht werden müssen. Wer hat ihn überhaupt zur Bevormundung des Publikums berufen? Doch nur er sich selbst!“

„Wenn seine Kritiken nicht gefielen, würde das Publikum ihn doch wohl ablehnen,“ wandte mein Karl ein. –

„Haben Sie jemals von abgesetzten Kritikern gehört?“ fragte Herr Spannbein erregt.“Von Thronen sind schon Tyrannen verjagt worden, aber vom Tintenfaß noch nie. Wenn jene glaubten, das Volk sei nur ihrethalben da, so vermeinen diese nachgerade, der Künstler schaffe nur für sie, damit sie Stoff für ihre Feder und somit zum Lebensunterhalt haben.“

„Das sind traurige unnatürliche Verhältnisse, denn was kann die Kunst in den Augen des Publikums gelten, wenn die Kritik zum Handwerk wird?

Wie kann da der Künstler in seinem Streben und das Publikum in der Erkenntnis gefördert werden?“ –“Wer mit seinen Werken an die Öffentlichkeit tritt, muß sich auch öffentliche Urteile gefallen lassen,“ sagte mein Karl. –“Und wenn nun Quenglhuber kommt und einen falschen Maßstab anlegt und sein falsches Urteil in die Welt posaunt? Was dann?“ –

„Allerdings,“ erwiderte mein Karl,“dachte ich daran, daß Künstler zuweilen wohl etwas schaffen, was nicht richtig sein mag, aber daß Kritiker falsch zu urteilen vermöchten, das war mir nie eingefallen, und so sehe ich ein, daß von diesem Standpunkte betrachtet, Lob wie Tadel gleich nichtig sein können.“

„Deshalb bin ich mit Quenglhubern fertig,“ rief der Maler.“Ich habe unter seinem falschen Urteil viel zu leiden gehabt, gut, daß ich jetzt weiß, daß er den bösen Artikel schrieb.“ –“Und Ottilie?“ fragte ich.

Herr Spannbein stand auf, ohne mir eine Antwort zu geben, und ging. In meinen Augen hatte er recht, denn es wäre zu schrecklich, wenn der junge blühende Maler an der Kopiererei der alten Meister ebenso zugrunde gehen sollte wie der Mann meiner römischen Kollegin. –

Am folgenden Tage kam Herr Spannbein zu mir.“Ob ich mich Ottiliens annehmen wollte, sie sei entschlossen, ihren Vater zu verlassen. Der Alte hätte verlangt, daß sie ihrer Liebe entsagen solle, da aber habe sie erst empfunden, wie tief sie liebte!“

Dies ist unmenschlich romantisch, dachte ich, und recht etwas für dich, Wilhelmine.“Aber Kinder,“ fragte ich,“was soll nachher daraus werben?“

„Mir egal,“ antwortete er,“ich weiß, daß ich geliebt werde wie nie ein Mensch zuvor.“ –

Nun, das meint ja jeder, der die Liebe kennen lernt, das sagte ich auch, als ich mit meinem Karl verlobt wurde, obgleich ich ihn jetzt noch viel inniger liebe als damals, wie mein Vater sagte:“Wilhelmine, Herr Buchholz hat um deine Hand angehalten, wenn du so denkst wie ich, nimmst du ihn.“

Mit dem Abendzuge fuhren wir nach Florenz ab. Ottilie war ruhig und fest in ihrem ganzen Auftreten, ich hätte dem zarten Mädchen solche Energie kaum zugetraut.“Mein Vater hat ihm unrecht getan,“ sagte sie,“und ich muß wieder gut machen, was er gesündigt hat.“ –

Wir hatten schon mehrere Tage in Florenz zugebracht, aber von Quenglhuber war noch keine Nachricht eingetroffen, wie ich sicher erwartete. Je länger die Angelegenheit unentschieden blieb, um so peinlicher ward sie mir, zumal mein Karl durchaus nicht mit unserer Einmischung zufrieden war. Ich riet ihm, dem Professor unsere Adresse zu telegraphieren, denn geschehen mußte etwas.

Ich hatte mit eine nette Rute gebunden, da ich ununterbrochen Sicherheitswache spielen mußte. Gingen die beiden in den Tiergarten von Florenz, in die Cascinen ... ich mußte mit. Hatten sie Lust, am Abend durch die Stadt zu wandeln, war es meine Pflicht, sie zu begleiten, schwärmten sie in den Boboligärten, mußte ich auch auf den kalten Marmorbänken sitzen und anhören, wie sie von ihrer grenzenlosen Liebe sprachen. Was mich das anging?

Und ich folgte ihnen abends ungerne durch die Stadt, denn gar oft kam aus einer Seitengasse ein Trupp vermummter Gespenster von der Pisaer Sorte, die Fackeln in den Händen und auf ihren Schultern eine Leiche trugen, wobei sie schauerliche Grabeslieder sangen. Wie das gruselig war, und wie ich jedesmal erschrak, wenn die Misericordiabrüder unerwartet auf uns zu kamen, das läßt sich gar nicht sagen. Wie oft seufzte ich:“Wenn dieser Zustand doch nur erst vorbei wäre, sonst werde ich noch ganz melancholisch.“

Als wir an einem Morgen in den Uffizien, in dem sogenannten Niobidensaale waren, nahm ich daher die Gelegenheit wahr, den beiden Verliebten einige Winke mit dem Lilienstengel zukommen zu lassen.

„Warum drücken denn wohl alle die Figuren so kläglichen Jammer aus, Herr Spannbein?“ fragte ich ganz naiv. –“Apollo erschießt ja die Kinder der Niobe mit seinen Pfeilen, denn als solche sind die Strahlen des

Sonnengottes zu deuten.“ –“Ich habe nie gehört, daß eine ganze Familie auf einmal den Sonnenstich bekommen hat,“ erwiderte ich.

„So ist die Sache nicht aufzufassen,“ entgegnete Herr Spannbein,“wenn auch die Pfeile Apollos die Sonnenstrahlen bedeuten. Niobe überhob sich über die Götter ...

„Und da schossen die?“ ...“O nein, das wäre zu viel verlangt. Der Künstler hat bloß zeigen wollen, wieviel Unglück eine Familie auf einmal treffen kann, und deshalb muß jeder, der sich in den Ehestand begeben will, sehr bedenken, ob er auch wohl Glück haben wird, wenn ihm der Segen des Vaters fehlt. Vater- und Mutterfluch reißen die schönsten Häuser ein.“

Kaum hatte ich diese Worte gesagt, als Ottilie leichenblaß wurde und in einen Strom von Tränen ausbrach, wobei sie ebenso grambeschwert aussehen konnte wie die Frau und die Kinder des Herrn Niob, der jedoch nicht mit ausgehauen ist.

„Sie stirbt!“ rief Herr Spannbein.

Ich nahm Ottilien an mich, setzte mich mit ihr auf eine Bank und redete ihr zu.“So schlimm ist es ja nicht, Kind,“ besänftigte ich sie,“da kann einer lange fluchen, ehe auch nur eine Wand einfällt.“

„Ich hätte meinen Vater nicht verlassen, wenn Sie mir nicht Ihren Schutz versprochen hätten,“ schluchzte sie.“O, Frau Buchholz, Sie sind schuld daran, daß mein Vater mich auf ewig verstößt!“

„Jawohl,“ sagte Herr Spannbein,“Sie sind schuld daran, wenn wir weder Glück noch Stern haben. Sie rieten mir, Ottilien zu entführen.“

„Oho! das tat Onkel Fritz.“

„Sein Gewissen wird ihn nicht schlafen lassen.“

„Da kennen Sie Onkel Fritz schlecht. Übrigens finde ich es sehr verhältnismäßig, daß ich das Sündenschaf für Ihre Liebesabenteuer sein soll. Ich sehe schon ein, ich bin zu gut für diese Welt. – Meinetwegen können Sie beide in ihr Verderben rennen. Ich ziehe meine Hände von euch!" –"Die bin ich los," dachte ich.

Es war aber nichts damit. Ottilie hielt sich fest an mich und bat, ich möchte sie nicht verlassen. Sie habe ihre Mutter kaum gekannt und stets bei meinem Anblicke empfunden, ich meine es gut wie eine Mutter mit ihr. Sie fürchte sich vor Spannbein, auf dem ja auch der Vaterfluch laste."Schützen Sie mich," wimmerte Sie,"wenn Sie mich von sich stoßen, habe ich niemand auf Erden." Sie sank vor mir auf die Knie und umklammerte mich. Ich beugte mich zu ihr herab und sah Herrn Spannbein mit vorwurfsvollen Blicken an, als wäre er der Apollo und ich die Mutter Niobe, deren Töchterlein er mit dem tödlichen Pfeile getroffen hatte.

„Da sehen Sie nun, was junge Leute anrichten, wenn sie unter dem Deckmantel der Liebe in hürdenlose Familien einbrechen, denen die aufpassende Mutter fehlt. Pfui, Herr Spannbein. Sie sind ja ein Ekel!"

Er war sprachlos, und da Ottilie und ich auch nicht weiter redeten, glichen wir genau den antiken Marmorfiguren, nur mit dem Unterschied, daß wir in Zeug gingen und nicht für immer Gruppe bildeten, sondern das Lokal verließen.

Ottilie blieb bei mit, und das Spazierengehen fand nur statt, sobald es mir paßte. Onkel Fritz erzählte mir später, Spannbein hätte gesagt, er danke Gott im hohen Himmel, daß ich nicht seine Schwiegermutter geworden sei, und habe gemeint, die Kritik sei deshalb so entsetzlich, weil sie nichts als die Schwiegermutter der Kunst sei und schon dann Gutes getan zu haben glaubte, wenn sie kein direktes Unheil angerichtet hätte.

Es war Herrn Spannbeins Glück, daß ich diese empörende Äußerung erst auf der anderen Seite der Alpen erfuhr, sonst wäre es ihm doch wohl eine Zeitlang ungünstig ergangen.

Endlich kam Quenglhuber. Ich saß gerade im Hotelzimmer und schrieb einen Brief wegen Logis in Venedig an Kliebischs. Ottilie war bei mir, als er eintrat. Er blieb in der Tür stehen und sagte nur das eine Wort:"Ottilie!" Sie sprang auf und fiel ihm schluchzend um den Hals. –"Du liebst mich also doch?“ fragte er sie leise.“Herr Professor,“ nahm ich das Wort,“Kinder sind Kinder, sie machen um so mehr Sorgen, je größer sie werden, ich habe auch zwei Töchter.“ –“Ich will Ihnen nicht wünschen, daß man sie Ihnen einstmals entführen hilft,“ erwiderte der Professor,“es schmerzt zu sehr, von dem einzigen verlassen zu werden, was man auf Erden liebt!“ – “Gott soll mich schützen!“ rief ich. –“Papa,“ fragte Ottilie,“kannst du auch ihm verzeihen?“ –“Ich muß wohl, damit du bei mir bleibst,“ entgegnete er trübe.“Die Trennung von dir kann ich nicht ertragen!“ –“Du hast ihm weh getan, er wird es vergessen, wie auch du vergessen wirst. Und wie ganz anders wird er auf deinen Rat in Liebe hören als in Zank und Unfrieden.“

Er küßte sie auf die Stirn. Ich ließ die beiden allein und ging, um die Herren zu suchen.“Merkwürdig,“ dachte ich,“als Vater hat er ein Herz und als Kritiker ist er kalt wie Eis. Und da sagt man immer, die Kunst veredele den Menschen!“

Am Abend feierten wir Verlobung. Wie der Professor und Herr Spannbein in Zukunft miteinander auskommen werden, das ist mir unklar, ich vertraue aber auf Ottilie, die wird schon den rechten Weg zur gänzlichen Aussöhnung finden.

Auf der Verlobung ging es fast so lustig her wie bei einem Begräbnis. Es war kläglich. Die Romantik liest sich angenehmer in den Büchern, als wie sie sich in Wirklichkeit durchlebt. Mir war der Aufenthalt in Florenz durch das Quenglhuber-Spannbeinsche Abenteuer wirklich verleidet worden. Einigen Trost gewährten mir die beiden Gemäldesammlungen in den Uffizien und im Palast Pitti, hier war es mir zuweilen, als wenn die Bilder Pforten wären, durch die man in eine schönere Welt hineinblickt. Nur kann ich nicht begreifen, wie dasselbe unerklärliche Gefühl der Ahnung jener Welt mich oft, ebensowohl bei dem Anschauen italienischer Heiligenbilder, als vor den bürgerlichen Gestalten der Holländer oder einem Porträt von Dürer überkam. Das muß doch wohl das Geheimnis der Kunst sein.

Quenglhuber sagte mir, daß ich vom wahren Kunst-Verständnis noch weit entfernt sei, als ich ihm diese Ansicht mitteilte. Da bin ich denn umsonst in den vielen Galerien Italiens gewesen, die man doch hauptsächlich besucht, um sich in spätestens sechs Wochen zum kompletten Kunstkenner auszubilden.

Einen sehr vergnügten Tag hatten wir jedoch in Fiesole, und zwar ohne Quenglhubers. Dort in dem antiken Theater waren wir unter uns sehr fidel. Mein Karl und ich setzten uns in den Zuschauerraum, während Onkel Fritz auf der noch recht gut erhaltenen Bühne ein Couplet mit dem Refrain sang:

> An der Quelle saß der Knabe;
> Was nützt es ihm – er konnt' nicht ran!

Nachher bildete Onkel Fritz das Publikum, und mein Karl und ich tanzten einen Schottisch. Wir wollten eben auch einmal sehen, wie sich das Theaterspielen im Freien bei den Alten ausgenommen hoben mochte, und weil man die Vergangenheit doch nur begreift, wenn man sie wieder belebt. –

Unser Rundreisebillet ging auf die Neige, und Venedig mußte noch mitgenommen werden. Spannbein reiste wieder mit Quenglhubers nach Rom, um fleißig für das Werk über die Deckengemälde zu skizzieren, denn das hatte er dem Professor versprechen müssen. Glück damit. Hoffentlich gewöhnt er sich an die Alten und Quenglhuber an die Jungen. Ich meine die jungen Spannbeine. Wenn der alte Herr nützliche Beschäftigung, wie Kinderwarten, Pferdspielen usw., um die Hand hat, wird er das Kritisieren schon von selber sein lassen. Möglicherweise macht er auch seinem Schwiegersohn eine so dicke und andauernde Reklame, daß dieser in ein paar Jahren ein großes Tier wird und nur noch mit einem Lorbeerkranz auf dem Kopfe zu Bett geht. – – – –

Als wir in Venedig anlangten und aus dem Bahnhof traten, sahen wir ein breites Wasser vor uns, und in dem Wasser standen die Häuser. Vor der Treppe hielt eine Anzahl von merkwürdigen Booten mit schwarzen Kästen, die wie Särge aussahen.“Ist die Cholera hier,“ fragte ich,“weil so viele auf einmal begraben werden?“ Man bedeutete mir jedoch, die schwimmenden Leichenwagen seien die berühmten Gondeln. –"Ich danke," antwortete ich,"die Häuser bauen sie ins Wasser hinein, und in Särgen fahren sie spazieren. Venedig hat wohl einen Klaps?"

Es half nicht, wir mußten in eine Gondel hinein, wenn wir weiter wollten, so unheimlich sie mir auch war. Dann fuhren wir durch ein Gewirr von Straßen, immer auf schmalen Kanälen. Und so still war es am hellen Mittag, daß man das Eintauchen der Ruder hörte; in einem Sterbezimmer kann es nicht leiser sein. –

Im Hotel warteten Kliebischs auf uns, die für Quartier gesorgt hatten. Sie waren guter Dinge, denn hier schreckte sie kein Randal wie in Neapel, und er meinte, das Gondeln sei ein köstliches Vergnügen, namentlich wenn sie auf das Meer hinausführen und angelten.

Er hatte recht. An die schwarzen Affenkasten gewöhnt man sich bald, und so am Abend im Mondschein, auf den weichen Kissen ruhend, den Canale grande entlang zu gleiten, anderen Gondeln mit bunten Lampen zu begegnen und dem Singen und Musizieren auf dem Wasser zuzuhören, das ist wundervoll.

Wäre nur nicht alles so zerfallen in Venedig. Die zerbröckelnden Paläste machen den Eindruck, als wäre das Glück auf immer fortgezogen und würde niemals wiederkommen. Nur im Mondschein sieht alles wieder wie neu aus, dann träumt Venedig von seiner alten Herrlichkeit und wir träumen mit.

Der Markusplatz ist der große Festsaal von Venedig. Wenn die Militärkapelle am Abend spielt, wandelt das Publikum in breiten Zügen auf und ab. Man hört jeden Ton der Musik, denn die Venezianer lärmen nicht so wie die Neapolitaner. Am Tage beleben Tausende von Tauben den Platz. Sie fressen aus der Hand und kommen scharenweise angeflogen, wenn sie sehen, daß man ihnen eine Düte mit Futter spendieren will. Dabei sind sie sehr anständig.

Neben dem Glockenturme der Markuskirche wird jeden Sonnabend das Zahlenlotto gezogen. Ganz Italien spielt, überall in den Städten gibt es Lotteriekontore, wo die Armut sich für einige Soldi Hoffnung kaufen kann, mit welcher der Staat die besten Geschäfte macht. Kopf an Kopf drängten sich die Leute, um die Nummern frisch vom Faß zu erfahren. Kein Ton wurde laut. Deutlich hörte man das Ausrufen der gezogenen Zahlen. Mit jeder Nummer wurde die Menge stiller. Es war wieder einmal nichts. Nur bei der letzten Zahl – es war die Fünfe – erscholl ein Freudenruf. Einige barfüßige Knaben machten sich ungestüm aus dem Gedränge frei, und während sie laut jubelnd riefen:" Le cinque! Le cinque!" – rannten sie in rasender Hast über die breiten Fliesen des Platzes, um die frohe Botschaft nach Hause zu bringen, daß die Fünfe gewonnen habe. Die anderen konnten wieder aufs neue zusetzen.

Schauerlich ist der historische Boden in Venedig. Die Kerker im Dogenpalaste, die für einen Lire gezeigt werden, sind fürchterlich. Sie liegen nebeneinander in einem schmalen finsteren Gange, an dessen Ende sich eine niedrige Tür befindet. Hier wurden die Verurteilten hingerichtet. Das Blut floß durch ein Loch in das Wasser, und der Leichnam wurde durch die Tür in eine Gondel geworfen, die aufs Meer hinausfuhr, wo man ihn versenkte. Die Gefangenen konnten nichts sehen, wohl aber durch die kleinen Luftlöcher hören, was draußen auf dem Gange geschah, wie die Henkersleute ankamen, wie sie den Block hinstellten und das Beil wetzten. Wenn nun das letzte Gebet gesprochen wurde, durften sie die Hände mitfalten und sich darauf gefaßt machen, daß die Reihe nächstens an sie käme. Dann ward es stille, ganz stille, nur daß es sich regte, hörten sie, und das Atmen von denen, die sie nicht sahen. Dann ein dumpfer Schlag, und es ward wieder laut. Die Richter gingen, die Henker räumten auf, und wenn der letzte Schritt verhallt war, blieben die Eingekerkerten wieder im Dunkeln allein mit grauser Angst, denn niemand war vor dem Geköpftwerden sicher.

In dem Saale des großen Rates hängen die Porträts der Dogen nebeneinander in einer Reihe. An einer Stelle ist jedoch ein schwarzer Schleier statt des Bildes gemalt. Dieser Platz war für das Porträt von Marino Falieri bestimmt, der auch hingerichtet wurde. Mich interessierte diese Lücke, weil ich einmal im Schauspielhause ein ergreifendes Trauerspiel"Marino Falieri" von Heinrich Kruse gesehen habe. Wie muß man doch den Dichtern dafür dankbar sein, daß sie aus einem Stück Vergangenheit eine ganze Welt aufbauen, die der Zuschauer ebenso wenig wieder vergißt, wie der Reisende die Gegenden, deren Anblick ihn entzückten. Man sagt ja, der Dichter führt den Menschen in das Wunderland der Poesie, und das ist dann auch eine Reise. –

Wir nahmen Abschied von Kliebischs, die noch blieben.“Es hat mich sehr gefreut, Sie kennen zu lernen,“ sagte ich.“Wenn Sie mal nach Berlin kommen, besuchen Sie mich.“ Das versprachen sie. Die Kliebisch meinte noch, wenn man gute Musik hören wolle, müsse man nach Deutschland gehen, und in Berlin werde die beste gemacht. –“Gleich in Massen!“ stimmte ich ihr bei –

Onkel Fritz trennte sich von uns, um Genua wieder zu besuchen und seine bisher gemachten Erfahrungen beim Abschlusse verschiedener Geschäfte zu verwerten.“Grüße deine Freundin, die Bergfeldten,“ tief et mir zu, als wir nach Verona abdampften. Er kann doch nicht leben, ohne mich zu ärgern.

\- - - - - - - - - - - - - - - -

Wir waren wieder in Verona, in der ersten italienischen Stadt, die wir beim Beginn unserer Reise betraten. Es schlief gerade noch wie damals. Was aber hatten wir in all der Zeit erlebt!

Mein Karl und ich saßen in dem Giardino Giusti, durch dessen geheimnisvolle Zypressen ein warmer Abendwind leise rauschte, als wollte er uns wieder zurück nach dem prangenden Süden rufen. Warum lockte er so schmeichelnd? Wußte er, daß auch wir in Rom aus der Fontana di Trevi getrunken hatten und nimmer die Sehnsucht nach Italien aus dem Herzen verlieren würden?

Verona an dem Strome lag vor uns, in der Ferne röteten sich die Schneegipfel der Alpen in dem Purpur der untergehenden Sonne.“Der letzte Abend im Süden,“ sagte mein Karl,“dort jenseits der Berge liegt unser Deutschland, dort wartet das Leben mit seinen Mühen auf uns. Möchtest du wohl hier unten bleiben?“ –“Karl, so schön auch die Erde hier ist ... mich verlangt nach der Heimat.“ – Es dunkelte bereits, als wir den

Garten verließen. In den Straßen von Verona war es still. Auch wir gingen schlafen. Gute Nacht, Italien!

* * *

Wie mir zumute war, als wir in die Halle des Anhalter Bahnhofes einfuhren, das kann ich gar nicht sagen. "Berlin," jubelte ich, "nun sind wir wieder da! Sei mir tausendmal gegrüßt, Berlin!" – Auf dem Perron erwarteten uns die Kinder. Diese Freude! Wir nahmen einen offenen Droschkon. Unter den Linden standen die Bäume im herrlichsten Grün. Was weiß auch der Süden von unserem Frühling?

Auf dem Palais flatterte die Kaiserflagge lustig im hellen Sonnenglanze. Wir spähten nach dem Eckfenster, aber wir sahen den Kaiser nicht. Er war bei seiner Arbeit. –